RENOVATIO EUROPÆ

Plädoyer für einen hesperialistischen
Neubau Europas

W0196901

David Engels (Hg.)

RENOVATIO EUROPÆ

Plädoyer für einen hesperialistischen
Neubau Europas

EDITION SONDERWEGE

All that is gold does not glitter,
Not all those who wander are lost;
The old that is strong does not wither,
Deep roots are not reached by the frost.
From the ashes, a fire shall be woken,
A light from the shadows shall spring;
Renewed shall be blade that was broken,
The crownless again shall be king.

J.R.R. Tolkien

© Manuscriptum Verlagsbuchhandlung
Thomas Hoof KG · Lüdinghausen und Berlin 2019

Die deutsche Übersetzung der Beiträge von András Lánczi,
Chantal Delsol, Max Otte, Jonathan Price und Alvino-Mario Fantini
besorgte David Engels.

Gestaltung: Achim Schmidt, Graphische Konzepte / Mettmann
Gesetzt aus Arno Pro

Abbildungsnachweis:
Titelfoto: Patryk Kosmider / shutterstock
Seite 137: Samynandpartners – Own work, CC BY-SA 4.0,
https://commons.wikimedia.org/w/index.php?curid=46989619
Seite 151: Martin Falbisoner – Own work, CC BY-SA 3.0,
https://commons.wikimedia.org/w/index.php?curid=28359031

Dieses Werk ist urheberrechtlich geschützt. Jede Verwertung außerhalb
der engen Grenzen des Urheberrechtsgesetzes ohne Zustimmung des
Verlags ist strafbar. Das gilt insbesondere für Vervielfältigungen,
Übersetzungen, Mikroverfilmungen und die digitale Einspeicherung und
Verarbeitung in elektronischen Systemen.

ISBN 978-3-948075-00-2
www.manuscriptum.de

INHALTSVERZEICHNIS

VORWORT

Das vorliegende Buch entstammt der am Instytut Zachodni in Poznań (Polen) verankerten Forschungsinitiative »*Renovatio Europae*«, welche von 2018 bis 2019 mehrere internationale Expertengruppen zu Fragen einer nötigen Reform der Europäischen Union einberief und ihre Aktivitäten koordinierte. Eine dieser Gruppen beschäftigte sich hierbei unter Leitung des Herausgebers dieses Buches mit den so wichtigen Themen »Identität und Werte« und versammelte sich am 6. März 2019 in Warschau, um in Anwesenheit hochrangiger Vertreter der polnischen Regierung und des polnischen Parlaments die in diesem Band veröffentlichten Stellungnahmen zu diskutieren.

Allen Beteiligten sei an dieser Stelle mein herzlichster Dank ausgesprochen, allen voran aber Frau Dr. Justyna Schulz, die Direktorin des »Instytut Zachodni«, ohne welche diese Initiative unmöglich gewesen wäre; Frau Prof. Dr. Magdalena Bainczyk, die in Entsprechung zu dem hier vorgestellten Projekt eine Expertengruppe zu den rechtlichen Fragen der EU-Reform leitet; Herrn Dr. Karol Janoś für die logistische Betreuung der Tagung sowie Herrn Prof. Dr. Zdzisław Krasnodębski, Vize-Präsident des Europäischen Parlaments, der den ersten Anstoß zu dieser Kooperation gab.

David Engels   Konstancin-Jeziorna, im März 2019

ZUM GELEIT

Es scheint Zeitwendestimmung in der Europäischen Union zu herrschen. Die intellektuelle Aufregung um die EU ist nicht nur der Tatsache geschuldet, daß die Briten die Union verlassen wollen und daß Ende Mai die Wahlen zum Europäischen Parlament stattfinden, die bekanntlich immer eine Debatte anregen. Vielmehr scheint das Bedürfnis nach EU-Reformen auch einem neuen »Zeitgeist« zu entsprechen, welcher angesichts der inneren wie äußeren Bedrohungen des Kontinents vermehrt nach einigenden Ideen ringt. Das Instytut Zachodni (West-Institut) in Poznań verfolgt schon aufgrund seines Tätigkeitsprofils diesen Ideenwettbewerb mit großer Spannung. Als Institution, die seit 75 Jahren den Gedanken der Westbindung Polens mitträgt, will sich das Institut getreu seiner Tradition auch an dieser Debatte aktiv beteiligen.

Solch eine Möglichkeit bietet sich für eine Institution aus Polen in dieser Form zum erstenmal an. Wie für alle Mitgliedsstaaten, die der Europäischen Union nach 2004 beitraten, galt damals auch für Polen die Verpflichtung, die bereits in der EU existierenden Regeln und Konzepte zu übernehmen und sich zu eigen zu machen. Diesmal ist es anders. Als mittlerweile erfahrenes Mitglied der Europäischen Union, dessen Bürger inbrünstig an der Erhaltung der EU interessiert sind, ist es für uns selbstverständlich, einen intellektuellen Beitrag zur Debatte um die Zukunft der EU zu leisten. Es gilt die Frage zu beantworten, was sich ändern muß, damit der Auftrag der EU, Wohlstand und Frieden für alle Mitglieder zu sichern, unverändert realisiert werden kann.

Die vorliegende Publikation, die auch in polnischer, englischer und französischer Sprache erscheinen wird, ist daher die erste in einer Reihe von Schriften, welche die zahlreichen Herausforderungen einer Reform der EU zum Inhalt haben sollen, und beschäftigt sich vor allem mit der Frage nach der Identität Europas; geplant sind darüber hinaus bereits weitere Bände zum Verfassungs- wie zum Wirtschaftsrecht.

In diesem Prozeß des Ideenaustausches erscheinen uns zwei Aspekte von besonderer Bedeutung. Zum einen ist es unser langfristiges Ziel, ein tragendes, zu Papier gebrachtes Konzept möglicher Reformen vorzulegen. Zum anderen ist es genauso wichtig, das Konzept »europäisch« auszuarbeiten. Adolph Muschg hat in seinem Essay »Was ist europäisch« (2006) auf die besondere Kultur des europäischen Diskurses hingewiesen. Das Besondere läge darin, Widersprüchen zu begegnen, Enttäuschungen zu ertragen und Konflikte gelten zu lassen, und das im vollen Wissen um die Ambivalenz aller Lösungsvorschläge. Daher sah Adolph Muschg damals auch in den neuen ostmitteleuropäischen EU-Mitgliedern eine Hoffnungsquelle dafür, den europäischen Diskurs zu beleben. Jene Länder seien, so meinte er, »widerspenstig« genug, um aufgrund eigener Erfahrung und Geschichte auf ihrer Identität zu bestehen und daher neuen Wind in die Debatte um den berühmten europäischen Wahlspruch »Einheit in Vielheit« zu bringen.

Diese besondere Art des europäischen Diskurses erscheint uns die richtige Haltung angesichts der widersprüchlichen Herausforderungen, denen es zu begegnen gilt. Denn es ist genauso schwer, sich ein Europa mit Grenzen vorzustellen, wie ein grenzenloses Europa. Die Ökonomie ist zwar nicht ausreichend als europäisches

Fundament; ohne ökonomischen Zusammenhalt ist die europäische Vereinigung jedoch genauso schwer denkbar. Die europäischen Nationalstaaten stärken zwar partikulare und fragmentierende Tendenzen in der EU; ohne die Nationalstaaten ist die vitale Partizipation der Bürger am politischen und ökonomischen Leben aber kaum zu realisieren.

Doch Reformkonzepte unter Anerkennung der nationalen und kulturellen Diversität auszuarbeiten, ist einfacher gesagt als getan. Wie viel schneller und einfacher wäre es, einfach nur die eigenen Gedanken zu Papier zu bringen und erst dann vor dem europäischen Publikum zu diskutieren! Bei der Erstellung dieses Bandes haben wir aber bewußt den zwar mühseligeren, jedoch umso spannenderen »europäischen« Weg gewählt. Die vorliegende Publikation ist daher die Folge einer aufregenden Debatte zwischen profilierten Denkern aus unterschiedlichsten kulturellen und nationalen Kontexten, deren Positionen nach intensiver Diskussion und Abstimmung nunmehr zwischen zwei Buchdeckeln versammelt wurden. Man muß dabei allerdings auch anerkennen, daß derartige partizipative Verständigungsprozesse Persönlichkeiten mit Organisationstalent und Gespür für die Bereicherung durch kulturelle Differenzen verlangen. Herr Professor David Engels ist so eine Persönlichkeit. Für seinen Einsatz bei der Entstehung dieses Buches danke ich ihm sehr.

Justyna Schulz   Poznań, im März 2019

»Renovatio Europae«
Eine hesperialistische Zukunft für Europa?

David Engels

M ehr denn je sieht sich die Europäische Union einer Fülle von Problemen gegenüber, deren Schwere sich auch in der erneuten Debatte um die Notwendigkeit einer Reform der europäischen Institutionen niederschlägt. Angesichts von Herausforderungen wie der gegenwärtigen Masseneinwanderung, der wachsenden gesellschaftlichen Polarisierung, dem Altern der Gesellschaft, dem Verfall traditioneller Werte, dem demographischen Niedergang, der Desindustrialisierung, dem Aufstieg Chinas, der Schuldenkrise und der Erosion der bisherigen politischen Parteienlandschaft ist es unabdingbar geworden, die Kooperation zwischen den europäischen Staaten zu überdenken und an die gegenwärtige Situation anzupassen.

In dieser Hinsicht bezeichnen »Identität und Werte« wohl jene Aspekte des sozialen und politischen Zusammenhalts Europas, welche von der Europäischen Union am meisten vernachlässigt worden sind. Die ausschließliche Fixierung auf wirtschaftliche und institutionelle Fragen, bereits zu Beginn des europäischen Integrationsprozesses von Gründungsvätern wie Robert Schuman kritisiert, hat schließlich ein kulturelles Vakuum entstehen lassen, dessen volle Bedeutung erst in diesen Tagen der allgemeinen Krise ganz ermessen werden kann:

»Dieses vereinige Europa kann und darf nicht eine rein wirtschaftliche und technische Unternehmung bleiben; es benö-

tigt eine Seele, ein Bewußtsein seiner historischen Affinitäten und seiner gegenwärtigen und künftigen Verantwortungen [...].« (Pour l'Europe)

Denn nur die Solidarität zwischen den Bürgern kann den Kontinent einigermaßen durch die anstehenden Jahre selbstgeschaffener Krise und eigenverschuldeten Niedergangs steuern. Doch ohne eine gemeinsame Identität besteht keinerlei Möglichkeit, einen solchen gesellschaftlichen Zusammenhalt aufzubauen, und es war eine der Lehren der Migrationskrise, daß eine solche »Identität« nicht auf rein humanistischen und universalistischen Werten gegründet werden kann, sondern einer tiefen Verankerung im kulturellen, historischen und spirituellen Unterbewußtsein einer seit Jahrhunderten geteilten Vergangenheit bedarf, also einer Verankerung in jenen Werten, welche meist als »konservativ« bezeichnet werden – ein Begriff, der heutzutage meist pejorativ gemeint ist, der im Folgenden aber freiwillig als positive Selbstbeschreibung verwendet werden soll.

Dabei möchte ich fortan für jenes patriotische Bekenntnis zu einem vereinigten Europa, das allerdings eben nicht nur auf universalistische, sondern auch auf konservative Werte gegründet werden soll, den neuen Terminus des »Hesperialismus« verwenden; ein Begriff, der aus der griechischen Bezeichnung für den äußersten Westen der bekannten Welt abgeleitet ist und gewissermaßen den Gegenbegriff zu »Europäismus« bilden soll, mit dem man meistens eine unkritische Unterstützung der gegenwärtigen Europäischen Union mitsamt ihrer zur Zeit herrschenden Ideologie politischer Korrektheit meint.

Freilich ist das Projekt einer solchen konservativen, »hesperialistischen« Reform der Europäischen Union, einer wahren »*Renovatio Europae*«, auf den ersten Blick nichts anderes als eine gewaltige Provokation, denn wir alle müssen uns dessen bewußt sein, daß eine grundlegende Reform des europäischen Verwaltungs- und Entscheidungsapparats, wenigstens im Augenblick und sicher auch während der nächsten Jahre, eine illusorische Vorstellung ist. Es dürfte kein Geheimnis sein, daß das Europäische Parlament, die Europäische Kommission, der Europäische Rat, der Europäische Gerichtshof und selbst die meisten der europäischen Verwaltungen nicht nur größten Unwillen gezeigt haben, die Lösung der zahlreichen Überlebensfragen, mit denen unser Kontinent konfrontiert ist, in Angriff zu nehmen; sie haben sich sogar geweigert, überhaupt ihre Existenz zur Kenntnis zu nehmen, da bereits ein solcher Akt gleichbedeutend gewesen wäre mit einem Eingeständnis der desaströsen Folgen der jahrelang von ihnen betriebenen Politik. Es steht daher wohl außer Frage, daß diese Situation auch in der nächsten europäischen Legislaturperiode weitgehend dieselbe bleiben wird. Denn selbst wenn die sogenannten »populistischen« und »euroskeptischen« Parteien wie zu erwarten eine beachtliche Opposition darstellen und zu einer klareren und transparenteren Debatte über die zur Frage stehenden Grundprobleme unseres Kontinents und unserer Zivilisation beitragen werden, wird die politische Situation innerhalb des Europäischen Parlaments doch weitgehend dieselbe sein wie gegenwärtig im deutschen Bundestag und vielen anderen nationalstaatlichen Parlamenten: Ausgehend von der Entscheidung, die »Populisten« von jeglicher Form politischer Machtausübung auszuschließen und ihre Positionen unkritisch und in Bausch und Bogen abzulehnen, werden die anderen Parteien, auch wenn sie zunehmend vom Wähler abgestraft werden, immer größere Kartelle bilden und somit die meist selbstverschuldeten Fehler der Vergangenheit nicht nur fortsetzen, sondern wahrscheinlich auch noch vertiefen, während jede echte, grundlegende Reform des Systems paralysiert werden wird.

Nun stellt sich freilich die Frage, wozu ein Reformprojekt wie das vorliegende überhaupt dienen möge, wenn doch keinerlei Aussicht darauf besteht, ein solches alternatives Europabild in absehbarer Zeit verwirklicht zu sehen? Die Antwort auf diesen berechtigten Einwand läßt sich in vier Aspekte gliedern.

Zunächst einmal ist es natürlich eine Provokation, gerade in der heutigen Situation von der Notwendigkeit einer konservativen Reform der Europäischen Union zu sprechen, und gezielte Provokationen sind heute zu einer absoluten Notwendigkeit geworden, um dem gegenwärtigen politischen Kampf eine neue, offensive Dimension zu geben, ist es doch leider meistens so, daß konservative Denker sich nicht nur ausgesprochen defensiv verhalten, sondern sich meist sogar der politischen Terminologie ihrer Gegner bedienen. Schon viel zu lange haben die Konservativen Europas in Schweigen verharrt angesichts einer endlosen Reihe meist grundloser Unterstellungen. Zu tief sitzt wohl die Angst, als »rechtsextrem« abgestempelt zu werden, wenn sie stolz und offen zu ihren Überzeugungen stehen, während auf der anderen Seite jene, welche ganz klar und offen ausgeprägt linksextreme Positionen verteidigen, generell zu wohlmeinenden, wenn auch naiven und leicht fehlgeleiteten Idealisten und Träumern verniedlicht werden und von seiten des Staates wie der Medien breite Unterstützung als Phalanx im »Kampf gegen rechts« genießen. Was allerdings noch schlimmer ist: Die Konservativen haben zunehmend die politische Sprache der linksliberalen Eliten übernommen und sind dazu übergegangen, die eigenen Positionen nicht mit ihrer eigenen Terminologie positiv und offensiv zu beschreiben und zu entwickeln, sondern vielmehr unter Verwendung des politischen Vokabulars der Gegenseite und somit mit Hilfe von Konzepten, welche mit ihren eigenen Ansichten im Prinzip fundamental inkompatibel sind. Moderne Christen bemühen sich etwa, ihre »Toleranz« auch in Glaubenssachen zu beweisen und die eigene Religion zu einer unter vielen und ihren Erlöser nur als »einen Propheten unter anderen« zu degradieren; Verteidiger der Familie erkennen die »soziale Konstruktion« der Geschlechterrollen an und übernehmen verzweifelt die Diktion der »Gender-Studies«, um zu beweisen, daß die eigene Sichtweise doch wenigstens weiterhin erlaubt sein solle; Patrioten scheuen sich nicht, ihre Liebe zur eigenen Kultur mit der scheinbar wissenschaftlichen Erkenntnis zu verbinden, daß alle Gesellschaftskörper nur Aggregatzustände verschiedener Individuen seien und keinerlei eigene, essentialistische Identität aufweisen, usw. All dies verleiht der gegenwärtigen Apologie konservativen Denkens nicht nur eine grundlegend wenig überzeugende, ja geradezu unehrliche Note; es macht sie eigentlich auch zu einer semiotischen Unmöglichkeit. Es bleibt daher zu hoffen, daß ein positives und stolzes Bekenntnis zu einem konservativen, auf den jahrhundertealten Werten der abendländischen Kultur aufgebauten Europa all jenen Hoffnung und Mut geben kann, welche an ihren eigenen Überzeugungen zweifeln, da man sie durch Bildungssystem wie Medienlandschaft der Möglichkeit beraubt hat, ihre Standpunkte und primären gedanklichen Kategorien in einer eigenen Sprache zu formulieren.

Ein zweiter Aspekt, welcher die Beschäftigung mit einer möglichen konservativen Reform Europas zu einem Desiderat macht, ist die Tatsache, daß die Europäische Union in den kommenden Jahren zwar bestenfalls paralysiert sein wird, wenn es zur Diskussion um die wirklich zentralen Entscheidungen unserer Zivilisation kommt, die Nationalstaaten aber (noch) nicht vollständig an das sich abzeichnende Schicksal der EU gebunden sind. So haben etwa die Visegrad-Staaten, allen voran Polen und Ungarn, ein ausgezeichnetes Beispiel dafür gegeben, daß es möglich sein kann, gegen jede Wahrscheinlichkeit ihre Position zu verteidigen und ihre eigene Identität zu bewahren, so daß sie mittlerweile sogar zu einem Vorbild für andere Staaten geworden sind, welche dem unaufhaltsamen Marsch in den Niedergang entfliehen wollen. Denn gerade Polen und Ungarn, welche lange Jahrhunderte hinweg ihrer staatlichen Freiheit beraubt waren, sind ein Paradebeispiel dafür, daß Vaterlandsliebe und Treue gegenüber der christlichen Tradition eben gerade nicht automatisch zu Nationalismus und Totalitarismus führen müssen, sondern ganz im Gegenteil jene Kräfte sind, mit denen eine Gesellschaft selbst in Situationen nationalistischer und totalitaristischer Unterdrückung überleben kann. Freilich sind angesichts der globalen Machtverhältnisse die politischen Gestaltungsmöglichkeiten selbst der größeren europäischen Staaten überaus begrenzt; trotzdem ist es würdiger und ehrlicher, treu an den eigenen Überzeugungen festzuhalten und möglicherweise zu scheitern, als sehenden Auges den Niedergang auch noch aus freien Stücken zu befördern. Und es besteht zu hoffen, daß die Diskussion eines alternativen, konservativen Europamodells der Zukunft zumindest geistig jene ideologisch abweichenden Staaten weiterhin in ihrem Bekenntnis zur politischen Vereinigung der abendländischen Nationen stärkt und auch ganz allgemein den konservativen Parteien Europas hilft, nicht am europäischen Projekt zu verzweifeln, sondern vielmehr die Initiative zur Mit- und Umgestaltung in die eigenen Hände zu nehmen, anstatt sich resigniert abzuwenden.

Dies führt uns unmittelbar zum dritten Punkt unserer Überlegungen, nämlich der gegenwärtigen Lage der konservativen Parteien in Europa. An dieser Stelle sind einige klare und ehrliche Worte vonnöten. Die Leitmedien behaupten meist, daß es nur »nationalistische«, »rechte«, ja gar »extremistische« Parteien sein könnten, welche »gegen Europa« auftreten, wobei in nahezu unerträglicher Weise die Institution der Europäischen Union mit der Idee Europas an sich amalgamiert wird und die patriotische Liebe zur eigenen Nation und Kultur mit aggressivem Nationalismus. Nun sollte freilich keinesfalls abgestritten werden, daß auch heute noch gewisse unverantwortliche politische Kräfte weiterhin ein überaus romantisch übersteigertes Bild des Nationalstaates und der angeblichen kulturellen Überlegenheit der jeweils eigenen Nation über ihre Nachbarn kultivieren und somit in überaus gefährlicher Weise das Problem ignorieren, daß die abendländische Zivilisation im 21. Jahrhundert nur dann überhaupt eine Aussicht auf politisches Überleben hat, wenn alle europäischen Nationen eng zusammenstehen und sich gemeinsam gegen alle jene Gefahren verteidigen, welche aus dem Osten, dem Westen oder dem Süden kommen mögen. Trotzdem stellen jene Menschen nur eine verschwindend kleine, wenn auch regelmäßig medial sehr hochgespielte Minderheit innerhalb der gesamten Bewegung des Konservatismus dar, und es ist zu erwarten, daß ihre Zahl rasch abnehmen wird, sobald die eigentlich konservativ gesinnten Bürger die eigenen Überzeugungen nicht mehr länger verschämt verstecken und das Feld vor jenen räumen, die am lautesten schreien, sondern vielmehr offen und ehrlich für ihre Überzeugungen einstehen, ihr Recht auf Existenz und Meinungsfreiheit unbeirrt in Anspruch nehmen und klare Grenzen nach rechts wie nach links ziehen. Es ist daher zu hoffen, daß das Projekt einer konservativen Reform der Strukturen und der Ideologie der Europäischen Union, tief verankert in einer positiven Haltung gegenüber den historischen und spirituellen Werten unseres Kontinents, auch den zur Zeit noch zersplitterten politischen Parteien des Europäischen Parlaments hilft, sich ihrer gemeinsamen Werte bewußt zu werden und eine Basis zu schaffen, von der aus eine konstruktive Zusammenarbeit über alle Grenzen hinweg, ja vielleicht sogar die Gründung einer dauerhaften politischen Kooperation im Rahmen einer eigenen Fraktion möglich sein könnte. Die Entwicklung einer EU-skeptischen, aber pro-europäischen politischen Ideologie ist daher kein innerer Widerspruch, sondern vielmehr ein Gebot der Stunde, welche förmlich nach der Schaffung einer paneuropäischen »hesperialistischen« Bewegung schreit.

Der vierte und letzte (und wohl wichtigste) Punkt vorliegender Ausführungen sei der Frage nach den nicht etwa kurz- bis mittel-, sondern vielmehr langfristigen Aussichten einer solchen Bewegung gewidmet. Wir alle wissen, daß zumindest Westeuropa einem demographischen, wirtschaftlichen und auch kulturellen Desaster entgegengeht (welches trotz allem auch Mittel- und Osteuropa aufgrund seiner engen Verflechtung mit dem Westen berühren wird, wenn auch wahrscheinlich in einem geringeren Maße), und es steht daher zu befürchten, daß selbst die besten politischen

Reformen diesen Ausgang nur noch sehr marginal beein-flussen können. Trotzdem sollte gerade diese Aussicht uns nicht zu Hoffnungslosigkeit führen oder zum Zweifel an der gemeinsamen Arbeit an Europa: Ganz im Gegenteil macht es gerade heute, am Rande der Krise, am meisten Sinn, zu-mindest die Umrisse dessen zu skizzieren, was einmal das Europa der Zukunft werden könnte, sobald die schlimms-ten Ereignisse vorüber sind und endlich die Rückbesinnung auf die wahrhaft zentralen Werte des Abendlandes einset-zen wird; eine Rückbesinnung, welche, da die Krise den ge-samten Kontinent betreffen wird, auch nur in europäischen Dimensionen bewältigt werden kann und deshalb von der erneuten Bestätigung der uns alle vereinenden historischen Identität ausgehen muß, welche schon vor nahezu hundert Jahren von Paul Valéry in seiner Abhandlung »L'Européen« mit den folgenden, treffenden Worten beschrieben wurde:

>*»Überall, wo die Namen Caesar, Gaius, Traian und Vergil, überall, wo die Namen Moses und Paulus, überall, wo die Namen Aristoteles, Platon und Euklid zugleich eine Bedeutung und eine Autorität gehabt haben, da ist Europa. Jedes Volk und jedes Land, das nacheinander romanisiert, christianisiert und in Bezug auf seinen Geist den Lehren der Griechen unterworfen wurde, ist vollständig europäisch.«*

Europa kann daher nur eine Zukunft haben, wenn es sich auf seine historischen Wurzeln besinnt: die jüdische, antike und christliche Vergangenheit; die Verteidigung der Familie; die Befürwortung einer anspruchsvollen Integration fremder Bürger; die Durchsetzung einer so-zialverantwortlichen Wirtschaft; der Glaube an die über-zeitlichen Werte klassischer Ästhetik; der Versuch, zwischen Individualismus und Kollektivismus zu vermitteln; der Respekt für lokale, regionale und nationale Identität; und die Besinnung auf das Naturrecht als ultimativer Richtschnur unseres Wertekanons. Es ist daher kein Zufall, daß gerade jene Aspekte im folgenden zum Ausgangspunkt der Betrachtungen der Mitarbeiter dieses Bandes werden sollen, welche, aus verschiedensten intellektuellen, politischen und nationalen Kontexten entstammend, eine beeindruckend einhellige Bestandsaufnahme der gegenwärtigen Situation unserer abendländischen Zivilisation bieten – und darüber hinaus zahlreiche Vorschläge liefern, inwieweit eine »hesperialistische« Rückbesinnung auf die historische Identität Europas auch zu einer erneuten inneren wie äußeren Stärkung des Kontinents führen könnte.

FORTSCHRITT, SOCIAL ENGINEERING UND DIE FRAGE NACH DER IDENTITÄT EUROPAS – EINE BESTANDSAUFNAHME

Zdzisław Krasnodębski

1. Einleitung

Als ich in den 1990er Jahren meine Habilitationsschrift mit dem Titel »*Der Niedergang der Fortschrittsidee*« veröffentlichte, welche in Polen als eines der ersten »post-modernen« Bücher betrachtet wurde, war ich nach den Erfahrungen des Kriegsrechts und des offensichtlichen Scheiterns der Sowjetunion optimistisch genug zu hoffen, daß zusammen mit dem Kommunismus auch der Gedanke, der »Fortschritt« sei die Antwort auf alle Gesellschaftsfragen, verschwinden würde. Doch die Reaktionen meiner progressiven Freunde, welche ganz in den Ideen der 1968er Jahre und der verschiedensten Emanzipationsbewegungen aufgingen, belehrten mich bald eines Besseren.

Die Geschichte kehrt wieder, und eines der wohl bezeichnendsten Beispiele hierfür ist der kürzlich veröffentlichte, breit beworbene Aufruf des französischen Präsidenten mit dem Titel »*Für einen Neubeginn in Europa*«. Was auf den ersten Blick wie eine unerwartete Schützenhilfe für das Projekt des vorliegenden Bandes wirken könnte, dem es ja ebenfalls um eine »Erneuerung Europas« geht, vertritt dabei allerdings, wie zu erwarten, eine ganz andere Stoßrichtung.

Hierbei stellt sich bereits beim Titel die Frage, von welchem »Europa« hier überhaupt die Rede sein soll. Es ist keine Überraschung, daß jede politische Körperschaft, und so auch die EU, ihre eigene Sprache und ihre eigenen Definitionen entwickelt. Damit meine ich nicht nur, daß selbst das EU-Englisch vom britischen oder amerikanischen Englisch sehr verschieden ist, sondern auch die Tatsache, daß sich hinter der gegenwärtigen Verwendung einer ganzen Reihe von altbekannten Begriffen eine neue Realität verbirgt. Im »Neusprech« der Gegenwart, um einen Begriff George Orwells aufzugreifen, besteht eine gewisse Tendenz, »Europa« mit der »EU« gleichzusetzen und umgekehrt. Wer von »glühenden Europäern« spricht, meint heutzutage kaum noch einen Menschen, der die große kulturelle Vielfalt unseres Kontinents verehrt und sich etwa mit dem Reichtum unserer Literatur oder Musik auseinandersetzt, indem er beispielsweise Beethoven mit Debussy oder Mickiewicz mit Baudelaire vergleicht; ein »glühender« oder »guter« Europäer ist heutzutage ein strammer und weitgehend unkritischer Verfechter der gegenwärtigen EU – ein verhältnismäßig neues Phänomen, hinter dem wohl die Entwicklung steckt, daß von dem alten Wahlspruch der »Einheit in Vielfalt« zunehmend, und trotz vorgeblendeter »Diversity«-Beschwörungen, nur noch der Appell an die Einheit der Meinung übriggeblieben ist. Im folgenden wollen wir anhand des Aufrufs von Präsident Macron jene Tendenz etwas näher betrachten.

2. Von der Christenheit zu Europa

Macron schreibt in eindringlicher Weise: »*Noch nie seit dem Zweiten Weltkrieg war Europa so wichtig. Und doch war*

Europa noch nie in so großer Gefahr.«[1] Welches Europa meint er hiermit? Die Europäische Union? Oder – wenig wahrscheinlich – die historisch gewachsene abendländische Kultur? Und um welche Gefahr handelt es sich hierbei wohl? Sie muß wohl sehr groß sein, wenn sie angeblich bedeutender ist als die Gefahr, welche jahrzehntelang in Form des Kalten Kriegs nicht nur der europäischen, sondern sogar der Erdbevölkerung mit der weitgehenden atomaren Auslöschung drohte. Und ob diese Gefahr tatsächlich aus polnischer Perspektive wirklich so bedeutend ist wie die Jahre 1956, 1968 oder 1981? Wer ist der Feind?

Danach aber wird Macron klarer, denn wir lesen: »*Der Brexit ist dafür ein Symbol. Ein Symbol für die Krise in Europa, das nicht angemessen auf die Schutzbedürfnisse der Völker angesichts der Umwälzungen in der heutigen Welt reagiert hat.*« Es würde hier zu weit führen, auf Eric Voegelins Theorie der Symbole zu verweisen, um die Frage zu besprechen, inwieweit und wofür der Brexit nun tatsächlich ein Symbol darstellt. Freilich können wir Macron nur zustimmen, wenn er vom Scheitern der EU (in seiner Wortwahl »Europas«) spricht, den Schutz der Bürger zu gewährleisten. Eine EU, welche den Bürger schützt, wäre in der Tat eine gute Idee – aber vor wem? Sicherlich geht es Macron kaum um den Schutz des Abendlands, seiner Identität und seiner Traditionen vor den Gefahren der Moderne, oder?

Immerhin wird eines deutlich: Macrons Europabegriff ist nicht geographischer Art (schließlich ist Rußland doch in einem nicht unbeträchtlichen Maß Teil des europäischen Kontinents), sondern bezeichnet vielmehr eine bestimm-

---

[1] Text zitiert nach: https://www.elysee.fr/emmanuel-macron/2019/03/04/fur-einen-neubeginn-in-europa.de

te Form politischer Identität. Nun sind, wie die Soziologie lehrt, politische Begriffe wie »Europa« meist das Resultat innerer und äußerer Konflikte, dienen als Symbole für Loyalität und Feindseligkeit und haben Tendenz, von einzelnen politischen Gruppen benutzt und instrumentalisiert zu werden, so daß die Identifikation der Nutzer jener Begriffe sowie der Situation, in welcher dieser Prozeß sich vollzieht, ein interessantes Studienfeld darstellen könnte.

Bezeichnend für unsere Situation und den Geist der Erklärung Emmanuel Macrons ist dabei die Frage, wann und unter welchen Voraussetzungen der Europa-Begriff überhaupt begann, Teil der politischen Terminologie in den Debatten unseres Kontinents zu werden. Die Idee einer kulturellen und auch politischen Zusammengehörigkeit des Abendlandes geht zwar sehr weit in die Vergangenheit zurück (in Osteuropa bis in das 10. Jahrhundert, im Westen bis zu den Karolingern) und gründete auf jenen Werten, die heute als »konservativ« gelten, allen voran dem geteilten christlichen Glauben, der als »Christenheit« geradezu das Synonym jener abendländischen Identität darstellte. Doch im 17. und 18. Jahrhundert wurde der Begriff der »Christenheit« infolge von Reformation und Säkularisierung zunehmend in das terminologische Fegefeuer archaischer Begriffe verbannt, und der Terminus »Europa« trat an seine Stelle.

Hierbei ist es interessanterweise im frühen 18. Jahrhundert, daß wir den Begriff der Christenheit zum letzten Mal als politischen Terminus wiederfinden. Denn nachdem noch im 17. Jahrhundert die Türkenkriege und die Rettung des Abendlandes durch Jan Sobieski dazu beigetragen hatten, die abendländische Identität, die »*res Christiana*«, durch den Kampf mit dem Islam kurzfristig religiös aufzuladen, sollte die Präambel des Vertrags von Utrecht aus dem Jahr 1713 zum letztenmal das »christliche Interesse« als Motivation für die damalige Neuordnung des Kontinents beschwören. Die betroffenen Parteien sprechen von ihrem »*désir de procurer (autant qu'il est possible à la prudence humaine de le faire) une tranquillité perpétuelle à la chrétienté*« und erklären: »*Portés par la considération de l'intérêt de leurs sujets, [ils] sont enfin demeurés d'accord de terminer cette guerre, si cruelle par le grand nombre de combats, si funeste par la quantité du sang chrétien qu'on y a versée.*« Es dürfte dabei als eine Ironie der Geschichte zu betrachten sein, daß es damals wesentlich die Briten waren, welche sich gegen den französischen Anspruch einer universalen katholischen Weltmonarchie stellten und im Namen Europas für eine dauerhafte plurale Neuordnung des Kontinents plädierten…

3. Das Ende des Nationalstaats?

Heute freilich gilt das Konzept des Nationalstaats weitgehend als veraltet, während »Europa« (also eigentlich die EU) als die historisch prädeterminierte nächste Stufe im historischen Entwicklungsplan gesehen wird, welche ultimativ in einer globalisierten und multikulturellen Welt gipfeln wird, wenn auch alle Bürger noch nicht »reif« für eine solche Entwicklung sind und daher vorübergehend von der EU »geschützt« werden müssen. So lesen wir bei Macron: »*Angesichts der globalen Umwälzungen sagen uns die Bürgerinnen und Bürger nur allzuoft: ›Wo ist Europa? Was unternimmt die EU?‹*«

Nun scheint bereits jener angebliche Appell der Bürger an »Europa« (bzw. die EU) Frucht einer gewissen Projektion zu sein, denn zumindest in Polen scheint es eher unwahrscheinlich, daß ausschließlich die EU als fähig betrachtet wird, vor jenen Umwälzungen zu schützen (von denen viele, wie etwa die Migrationskrise und die Islamisierung, das Land ja auch gar nicht betreffen): Hier würde man eher sagen: »Was tut unsere *polnische* Regierung, diesen Entwicklungen Einhalt zu gebieten?« Freilich sieht die Lage in Deutschland, ja selbst in Frankreich anders aus, würde der Appell an den Nationalstaat hier doch wahrscheinlich sogar als »nationalistisch« ausgelegt werden.

Diese und viele andere ideologische Verschiebungen des politischen Diskurses lassen sich wohl am eindringlichsten am »Haus der europäischen Geschichte« in Brüssel ablesen. Hier erscheint die EU ganz offensichtlich als »telos« der gesamten abendländischen Geschichte, ganz im Einklang mit der in Deutschland entwickelten und überallhin exportierten Interpretation von Geschichte als Objekt der »Vergangenheitsbewältigung« (und gleichzeitig auch Vergangenheitsüberwältigung): Die gesamte europäische Geschichte wird (übrigens sehr summarisch) als eine einzige Folge von Greueltaten betrachtet, in welcher nur hier und da, etwa in Form der Französischen Revolution, das Licht der Vernunft als »Vorbote des Guten« durchscheint; die »richtige« Geschichte Europas aber beginnt eigentlich erst mit dem Zweiten Weltkrieg und beruht nicht nur auf dem üblichen »Nie wieder Krieg«, sondern auch auf der Verpflichtung der Selbstauflösung der Nationen als gerechter Strafe für die Verbrechen der Vergangenheit.

Aus polnischer Perspektive betrachtet, ist eine solche Darstellung der Geschichte kontrovers und zweifelhaft, da sie mit der in Polen und vielen anderen Ländern Mitteleuropas immer noch praktizierten Sicht der Vergangenheit kontrastiert: Geschichte ist hier immer

noch eine Lehrmeisterin konservativer Werte- und Moral-
vorstellungen, ein Aufruf zur Imitation der großen Vor-
gänger, eine Verpflichtung zur loyalen Fortsetzung vergan-
gener Traditionen und ein Schatz materieller und immate-
rieller Güter, die es zu bewahren und schützen gilt. Wie ich
häufig bei Diskussionen mit meinen Kollegen selbst von
der EVP feststellen mußte, mit denen ich das »Haus der
europäischen Geschichte« besichtigte, scheint gerade eine
solche Sichtweise der Geschichte im Westen Europas kaum
noch verständlich: Selbst der Stolz auf den Heroismus des
Widerstands gegen den Totalitarismus (etwa durch die
polnische Heimatarmee, die sich nicht nur verzweifelt gegen die Nationalsozialisten, sondern auch gegen das kommunistische Regime gewehrt hat, oder die französische
Résistance eines Jean Moulin) gilt nunmehr als zu »nationalistisch«.

Doch nicht nur das Christentum und der Nationalstaat
werden heute weitgehend als positiv konnotierte, identi-
tätsstiftende Faktoren abgelehnt, wie ich kürzlich erfahren
mußte: Als ich in einem Bericht zur Lage der Erziehung
davon sprach, daß die europäische Identität nicht nur
auf christlichem Glauben, sondern auch griechischer
Philosophie und römischem Recht beruhe, war es nicht nur
der Hinweis auf das Christentum, der aus dem Text gestrichen werden mußte – das hatte ich erwartet –, sondern auch
die Anspielung auf die klassische Antike. Selbst ein Verweis
auf den Begriff der »Tugend«, die ich als ein wesentliches
Ziel der Erziehung bezeichnete, wurde als »reaktionär« abgelehnt – auch für sie scheint kein Platz zu sein in einem
offiziellen Dokument der Europäischen Union. Dabei ist
es eigentlich unwesentlich, in welchem Maße jener Begriff
des Fortschritts und der »Bewältigung« der Vergangenheit

tatsächlich auch »offiziell« als Leitfaden der europäischen Institutionen erscheint: Zentral ist hier vielmehr das, was man mit Michael J. Sundal ihre »öffentliche Philosophie« (»public philosophy«) nennen könnte, welche sich eben nicht (nur) in der Ideologie, sondern auch den institutionellen Praktiken der Institutionen widerspiegelt. Und deren politische Ausrichtung ist mehr als eindeutig.

4. Der moralische Imperialismus des modernen Europa

Macron behauptet in seinem Aufruf: »*Europa als Ganzes spielt eine Vorreiterrolle, denn es hat von jeher die Maßstäbe für Fortschritt gesetzt.*« Für wen? Für die gesamte Welt? Und wann genau? Wie soll das mit der herkömmlichen Kritik am angeblich omnipräsenten Eurozentrismus einhergehen, welcher zudem ironischerweise gerade den Konservativen zur Last gelegt wird? Und welcher Fortschritt ist hier gemeint – scheinbar wohl auch der moralische und politische? Dies ist freilich eine sehr bedenkliche Haltung, welche ein wenig an das Interview erinnert, das Bruno Le Maire vor einigen Monaten dem Handelsblatt gab, und in dem es hieß, »*daß Europa eine Art Empire werden muß, wie China es ist. Und wie die USA es sind.*«[2] Nun ist mit diesem »Empire« nicht etwa der Wunsch gemeint, Europa möge sich in seiner Verfassung an jenen mittelalterlichen Föderalstaaten orientieren, welche unter christlichen Vorzeichen eine

---

[2] https://www.handelsblatt.com/politik/international/europapolitik-frankreichs-finanzminister-macht-druck-auf-berlin-europa-muss-ein-empire-werden/23600498.html?ticket=ST-663712-PGyJOG5Umv7fCp9bYbeE-ap6

größtmögliche innere Vielfalt mit einem effektiven Schutz der äußeren Grenzen verbanden, und wie sie auch heute noch von Denkern wie Jan Zielonka oder, in diesem Band, David Engels als Vorbild angesehen werden; vielmehr geht es wohl um ein moralisch expansives »Empire«, welches seine eigenen Wertvorstellungen unter dem Deckmantel »universaler Werte« überallhin verbreiten will.

Nun ist bekannt, daß jedes Imperium zwar immer schon eine moralische Mission verfolgt, aber gerade heute erleben wir eine nie dagewesene Moralisierung der Politik, nicht nur (wenn auch vor allem) in Deutschland, sondern auch in der EU. Typisch ist hierfür die traditionelle Donnerstagssitzung des EU-Parlaments in Straßburg: Einen halben Tag lang verbringen die Parlamentarier ihre Zeit damit, in langen Listen alle möglichen Verstöße gegen die Menschenrechte überall auf der Welt moralisch zu »verurteilen«, wobei zunehmend auch Mitteleuropa in den Fokus der Diskussionen gerät (die Situation in westeuropäischen Staaten wie Spanien oder Frankreich wird kurioserweise allerdings dezent ausgeblendet). Die Botschaft ist eindeutig: Das Parlament glaubt, durch seine »Erklärungen« und »Verurteilungen« die Welt zu einem besseren Ort zu machen (wenn sich auch nach einiger Zeit eine gewisse Ernüchterung einstellt, wenn man beobachtet, daß die Liste der Verstöße eigentlich von Sitzung zu Sitzung nur wenig Veränderungen aufweist), und die moralische Botschaft ist klar: Nur wenn die gesamte Welt von der EU, oder doch zumindest wie die EU, regiert wird, kann das »Böse« als ausgerottet gelten und das »Gute« triumphieren – ein wahrer Messianismus politisch korrekten Denkens, wie wir ihn ja auch in den Reden von Frans Timmermans wiederfinden, vor allem, wenn dieser über die Lage in Polen spricht.

Typisch in dieser Hinsicht ist ein kleines, aber bezeichnendes Detail: Auf meinen Reisen ins außereuropäische Ausland, vor allem in solche Staaten, die von der EU in der einen oder anderen Weise unterstützt werden, geschieht meistens, daß die Gastgeber unsere Delegationen mit einigen wohlgesetzten Worten begrüßen, in denen sie die EU für jene Werte loben, welche ihr, so nehmen sie an, am wichtigsten sind. Hierbei kommt ausnahmslos nicht nur der »Klimaschutz« zur Sprache, sondern auch immer die sogenannte »Homo-Ehe«. In diesem Zusammenhang kann man kaum anders, als eine gewisse Diskrepanz festzustellen: Denn der begrüßenswerte und eigentlich ungemein konservative Wunsch nach dem Schutz der Natur kontrastiert merklich mit jener Form des radikalen Konstruktivismus im gesellschaftlichen Bereich, wie ihn die EU vertritt, und welcher den doch scheinbar so schützenswerten Vorgaben der Natur offensichtlich stark widerspricht. Man fühlt sich unweigerlich an den berühmten Ausspruch von Massimo d'Azeglio erinnert: »*Abbiamo fatto l'Italia ora dobbiamo fare gli Italiani*« (»Italien haben wir geschaffen, nun müssen wir Italiener schaffen«), oder, anders gesagt: Wir haben Europa zu einem politisch korrekten Kontinent umgestaltet, nun müssen wir nur noch die dazugehörigen Bürger konstruieren.

Und in der Tat wird kaum ein offizielles Dokument der EU verabschiedet, welches nicht in der einen oder anderen Weise auf die Frage nach alternativen »Gender«- und Familienmodellen rekurriert und, wo die Entwicklung noch nicht »so weit ist«, auf die Umsetzung jener Ideologie abzielt, wie etwa an der Peripherie der modernen EU, wo einige rückständige Barbaren (wie die Bewohner meines Heimatlandes und ihre Regierung) an einem angeblich überwundenen gesellschaftlichen Modell festhalten und in der einen oder anderen Weise »zur raison gebracht werden« müssen – eine umso seltsamere Entwicklung, als es eigentlich die Christdemokraten sind, welche die stärkste politische Kraft des Europäischen Parlaments ausmachen.

5. Wer regiert die EU?

Es stellt sich in der öffentlichen Debatte verstärkt die Frage »cui bono«: Wer profitiert von jener ideologischen Revolutionierung der Europäischen Union, wer stellt die Kräfte, welche dieses System stützen und von ihm profitieren? Die Antwort ist einfach: Wir sind in der westlichen Welt mit nichts weniger als einem modernen Klassenkampf konfrontiert. Während wir auf der einen Seite jene Menschen haben, die in ihrer jeweiligen Heimat, ihrer Kultur, ihren Bräuchen und ihrer Identität verwurzelt sind und somit in der Kontinuität eines jahrhundertelang zurückgehenden Menschenbildes stehen, haben wir auf der anderen Seite eine neue, globale Elite, für welche jede Form von »Grenze« – sei sie national, kulturell, gesellschaftlich, religiös oder sexuell – ein Hindernis darstellt. Bereits Zygmund Bauman schrieb im Jahr 2000: »*In the fluid stage of modernity, the settled majority is ruled by the nomadic and extraterritorial elite*«, und es reicht, sich die Lebensläufe jener Bürokraten und Entscheider anzuschauen, welche heute für die EU, morgen für den IWF und übermorgen die UNO arbeiten und sich regelmäßig in Davos oder den Bilderberg-Versammlungen treffen, um zu verstehen, was mit dieser Feststellung gemeint war. Wenn Macron daher von den drei Ambitionen der EU spricht – »*Freiheit, Schutz und Fortschritt*«, so ist in erster Linie wohl die Freiheit, der Schutz und der Fortschritt jener kleinen Herrschaftselite gemeint, welche in der Tat angesichts der Spannungen mit den Vereinigten Staaten und der inneren Infragestellung dieses Modells durch die sogenannten »Populisten« zunehmend jenes Schutzes bedürftig sind, um weiterhin in Freiheit ihre Interessen zu verfolgen und ihre Macht zu vermehren.

Die Existenz jener soziologischen Klasse wird umso deutlicher, beobachtet man die politische Kultur der verschiedenen EU-Institutionen: Während das Parlament weitgehend »national« aufgebaut ist und trotz seiner unweigerlichen Internationalisierung doch engste Beziehungen zu den verschiedensten Heimatländern und Wahlkreisen seiner Mitglieder aufrechterhält, pflegt die Kommission eine ganz andere politische Kultur, welche mittlerweile kaum noch einen Bezug zu ihrem kulturellen Substrat hat (seien es Brüssel, die Heimatländer oder die abendländische Zivilisation) und nicht ohne Grund eng verbunden ist mit der meist multikulturellen Vita der meisten Mitarbeiter, welche oft genug binationale Elternteile haben und daher in der Identität als »EU-Bürger« eine Möglichkeit finden, sich mit ihrem jeweiligen kulturellen Erbe nicht allzu genau auseinandersetzen zu müssen. Dies färbt mittlerweile auch auf die Selbstdarstellung und Argumentationslogik vieler nationaler Politiker ab, welche – allen voran Deutschland – niemals erklären: »Wir als Deutsche wollen...«, sondern immer: »Wir als Europäer denken...« und somit dem Gegenüber implizit sein eigenes Europäertum streitig machen.

Hierbei wird der spezifische, durch Internationalismus, Multikulturalismus, Elitismus und Globalismus geprägte Lebensstil jener neuen Führungsschicht mittlerweile selbst in Staaten wie Ungarn und Polen auch von lokalen Eliten übernommen, die sich eine Gesellschaft nach ihrem Vorbild schaffen möchten – auch dies eine nicht erstaunliche Entwicklung, hat doch noch jedes Imperium sich bemüht, die lokalen Eliten an den dominanten Lebensstil heranzuführen und diesen auch in die Peripherie zu importieren; man denke hier nur an die in England ausgebildeten indischen Aristokraten, welche sich nach ihrer Rückkehr auf den Subkontinent in ihrer eigenen Heimat nicht mehr zurechtfanden.

Und wenn mir ein solcher Vergleich sonst natürlich fern liegt, kann ich nicht umhin, auch an die Herrschaftsstrukturen des damaligen Ostblocks zu denken, dessen Zentrum zwar in Moskau lag, aber eine Strahlkraft bis weit an die Peripherie besaß und die lokalen Eliten bis in die kleinsten Gemeinden prägte. In dieser Hinsicht ist es vielleicht nicht überflüssig, auf die gegenwärtige inner-ukrainische Debatte zu verweisen, in welcher es eigentlich nur darum geht, nach dem Fall der Sowjetunion, des »Sowjetski Sojus«, nunmehr Teil des neuen, des »Europejski Sojus« zu werden, eine Form der Domination also mit einer neuen, die als materiell erheblich vorteilhafter gesehen wird, zu tauschen – eine Debatte, die in vielen Zügen an die innerpolnischen Diskussionen der 1990er Jahre erinnert.

6. Die »deplorables«

Während die gegenwärtige EU von einer politischen und intellektuellen Elite dominiert wird, welche man wohl als eine Art nomadisierter Führungsschicht betrachten kann, finden wir auf der anderen Seite des Spektrums jene vor, die wir als »deplorables« bezeichnen können – ein Begriff, der am 9.9.2016 von Hillary Clinton geprägt wurde, als sie von den Wählern ihres Opponenten, Donald Trump, in folgenden Worten sprach: »*You know, to just be grossly generalistic, you could put half of Trump's supporters into what I call the basket of deplorables. Right? They're racist, sexist, homophobic, xenophobic – Islamophobic – you name it.*«

Jene nicht-nomadischen Bürger, welche im Gegensatz zur gegenwärtigen Führungsschicht weiter fest in ihrem jeweiligen historischen und kulturellen Umfeld verankert bleiben, sind zur Verfügungsmasse jener neuen Elite geworden; sie gilt es nun, den Werten politisch korrekter Ideologie entgegenzuführen und sie für die Wohltaten von gender-diversity, LGBT-Rechten, Multikulturalismus, Säkularisierung, Globalisierung und Islamophilie zu erwärmen; und wenn jener Versuch manchmal scheitert, wie dies in den meisten polnischen oder ungarischen Dörfern und Kleinstädten der Fall ist, liegt dies angeblich nicht an den Problemen jener Ideologie, sondern daran, daß die Bürger noch nicht »weit genug« sind.

Es steht in keinem Widerspruch hierzu, daß 80% der Polen sich überaus positiv zur europäischen Einigung verhalten (also erheblich mehr als Franzosen oder Deutsche), verbinden sie wie viele Osteuropäer mit der EU doch vor allem die Hoffnung auf materiellen Wohlstand. Daß es nicht die Institutionen an sich sind, welche hier im Fokus der Aufmerksamkeit stehen, wird auch an der sehr geringen Beteiligung bei den Wahlen zum Europäischen Parlament deutlich, das von vielen Bürgern als ihrer eigenen Lebenswelt äußerst entfernt angesehen wird – ganz zu schweigen von einem flagranten Mangel an Wissen über den Aufbau jener Institutionen, der natürlich auch viele andere europäische Staaten prägt.

Freilich sind viele der einfachen »deplorables« heute kaum weniger mobil als jene nomadischen Eliten, aber die Unterschiede in Zielsetzung und Auffassung jenes Nomadismus springen geradezu ins Auge: Jene Polen, welche etwa nach London, Berlin oder Brüssel ziehen, um dort eine Zeitlang zu arbeiten, tun dies auf der einen Seite dazu, um in ihrem polnischen Heimatort ein Haus zu bauen und früher oder später ihre Aktivität auf besserer finanzieller Basis dort fortzusetzen; auf der anderen Seite ziehen sie aus ihren Erfahrungen im Westen eben nicht den Schluß, Multikulturalismus und Globalisierung seien wünschenswerte Erscheinungen und sollten daher auch möglichst in Polen verbreitet werden, sondern sprechen sich möglichst dagegen aus, daß Phänomene wie Ghettoisierung, Parallelgesellschaften und Islamisierung, deren Augenzeugen sie im Ausland wurden, nun auch in ihrer Heimat Fuß fassen.

7. Ausblick

Als die gegenwärtige polnische Regierung im Jahre 2015 die Wahlen gewann, kann man diesen Durchbruch am ehesten mit dem vergleichen, was geschehen würde, wenn es den Gelbwesten gelänge, in Frankreich an die Macht zu kommen – »lokale Menschen« und Verteidiger der »deplorables«, welche die Statthalter der globalistischen Elite aus ihrer Position verdrängten und zudem auch im Europäischen Parlament Präsenz zeigten. Es ist daher kaum überraschend, daß sich die bisherigen, »nomadischen« Eliten des Landes, allen voran die Politiker der Bürgerplattform, gerade auf europäischer Ebene überaus feindlich gegenüber der neuen nationalen Regierung zeigten, betrachten sie doch die EU als eine Art persönliches Eigentum, welche es gegen jegliche Form von Kritik (oder auch konstruktive Vereinnahmung) durch die gegenwärtige Regierung zu schützen gilt. Gerade meine eigene Funktion als Vizepräsident des Europäischen Parlaments wird hier häufig als eine Art kognitive Dissonanz, eine »*contradictio in adiecto*«, wahrgenommen.

Es ist anzunehmen, daß sich ähnliche Erscheinungen sehr bald auch in anderen europäischen Staaten zeigen werden, sollten sich die gegenwärtigen politischen Tendenzen weiterhin vertiefen, vor allem, wenn nunmehr zunehmend Vertreter euroskeptischer Regierungen in die Kommission entsandt werden, die man bei steigender Zahl nicht mehr wie bisher ignorieren oder marginalisieren kann. Wichtig ist freilich hierbei, daß die konservativen Bewegungen Europas nicht in einer sterilen und faktisch machtlosen Opposition verbleiben, sondern darauf bestehen, Europa als Teil ihres eigenen Erbes zu betrachten und damit auch eine aktive Mitsprache und Mitgestaltung der europäischen Institutionen zu beanspruchen. Gerade heute, wo die zunehmende Ablösung des alten Rechts/Links-Dualismus durch die Dichotomie universalistischer und traditionalistischer Bewegungen alle politischen Entscheidungen verwirrt, besteht hier eine einzigartige historische Chance, konstruktiv an Europa mitzuarbeiten und durchaus auch eine zumindest punktuelle, unerwartete politische Zusammenarbeit ins Auge zu fassen.

Selbst Emmanuel Macrons neue Europavision, so problematisch sie in vielerlei Hinsicht sein mag, könnte hier neue Möglichkeiten schaffen und die bisherige Dominanz der deutschen Europavision in Bewegung bringen. Die Einsicht etwa, daß angesichts der gegenwärtigen Weltlage und der zunehmenden Bedeutung Chinas die europäische Wirtschaft eines gewissen Schutzes bedarf, verrät einen Ansatz, der im richtigen Kontext durchaus vielversprechend verfolgt werden könnte, wie in Polen allzu schmerzlich erlebt wurde, als in den 1990er Jahren die rasche Liberalisierung des Landes durch den Balcerowicz-Plan einen großen Teil der heimischen Industrie zerstörte oder vom westlichen Kapital abhängig machte. Ähnliches ist zum Aufbau einer gemeinsamen Verteidigungsmacht oder zu einem besseren Schutz sozialer Rechte zu sagen – alles Punkte, welche auch von der gegenwärtigen polnischen Regierung als überaus bedeutsam betrachtet werden. Vielleicht ergibt sich ja trotz aller scheinbaren ideologischen Unüberbrückbarkeit doch so etwas wie eine gemeinsame Schnittmenge in einigen zentralen Reformbereichen Europas – eine schwache, aber nicht ganz unmögliche Hoffnung. Es wäre nicht das erste Mal in der Geschichte.

AUF DEM WEG ZU EINER NEUEN EUROPÄISCHEN VERFASSUNG? VERFASSUNG UND IDENTITÄT

András Lánczi

1. Die zentrale Idee des modernen Konstitutionalismus

Wir alle wissen, daß die EU in den frühen 2000er Jahren dabei versagte, sich eine eigene Verfassung zu geben. Die EU kann daher kaum als ein eigener Staat mit einer eigenen Identität betrachtet werden, und sicherlich nicht als ein Imperium. Eigentlich ist die EU überhaupt kein Staat irgendeiner Art. Freilich erheben sich regelmäßig Stimmen, vor allem auf Seiten der oft schwer genau zuzuordnenden Linksliberalen, welche nach der Schaffung eines europäischen Staates oder Imperiums rufen (Imperium sowohl in moralischer als auch politischer Hinsicht), um die letzten Spuren der Nationalstaaten zu vernichten, welche als die scheinbaren Schuldigen der zwei Weltkriege des 20. Jahrhunderts betrachtet werden.

Alle Übel werden dem Nationalstaat zugeschrieben und zugleich, schlimmer noch, allen anderen Formen bürgerlicher Gemeinschaft, sei es Familie, Kirche, Kulturgruppen, Erziehungsgemeinschaften usw., welche freiwillig oder unfreiwillig den Nationalstaat gestützt haben und daher nunmehr kollektiv als verantwortlich für die schrecklichen Kriege, die Europa gekannt hat, betrachtet werden. Und wenn wir auch weiterhin Nationalstaaten und nationalstaatliche Verfassungen kennen, spiegeln diese doch mittlerweile alle die gleichen Konzepte und Argumente wider: Menschenwürde, die Rechte des einzelnen, demokratische Institutionen, Rechtsstaatlichkeit usw. – der Nationalstaat ist ganz nach dem universalistischen Bild der liberalen Ideologie umgestaltet worden.

Die heutigen Verfassungen sind allesamt mit dem Gedanken der Überlegenheit demokratischer und liberaler Prinzipien durchtränkt, waren ihre Schöpfer doch überzeugt, daß legale Prozeduren allen anderen politischen Mitteln gegenüber vorzuziehen seien – kein Wunder, sind die Europäer doch immer noch vom Trauma des Zweiten Weltkriegs geprägt. Dies erklärt auch, wieso in diesen Verfassungen aus Angst vor einer angeblichen Rückkehr der Geschichte keine einzige konservative Idee formuliert wurde. Alles sieht so aus, als sei die Geschichte tatsächlich bereits an ihr Ende gelangt, und die Menschheit habe eine Ebene liberaler Entwicklung erreicht, wo jeder einzelne Staat dieser Erde die Sinnhaftigkeit des modernen Konstitutionalismus anerkennen würde.

Jedoch befinden wir uns vielmehr an der Schwelle, uns selbst über die fundamentalsten Grundzüge unserer eigenen, europäischen Kultur mehr Fragen stellen zu müssen, als wir Antworten erhalten können. Denn innerhalb der europäischen Kultur wächst die Skepsis angesichts des Weges, den Europa bereits seit einigen Jahrhunderten beschritten hat, denn auch 70 Jahre nach dem Zweiten Weltkrieg hat sich kein ewiger Friede eingestellt, selbst wenn die dominante linksliberale Ideologie das Gegenteil behauptet. Dies ist umso bedenklicher, als mittlerweile die Entwicklung der anderen Zivilisationen immer stärker diejenige der europäischen Kultur bedroht, während wir Europäer zu selbstzufrieden und gesättigt diese immer größer werdenden Herausforderungen geflissentlich übersehen, wobei es vor allem das, was man als Exzeß des liberalen Dogmas bezeichnen kann, die größte Gefahr darstellt. Diese Gefahr hat viele Gesichter, unter ihnen Masseneinwanderung, technologische und wirtschaftliche Entwicklungen und kulturelle Versuchungen, welche meist als pseudo-religiöse Versprechungen getarnt werden.

In der Folge möchte ich nachstehende Probleme diskutieren:

1. Die europäische Lebensart (d.h. die Frage, wie man sein Leben führen soll) hat ihren inneren Sinn verloren, weil das wirkliche und tiefe Wesen unserer Kultur durch bewußte Verdrängung der großen Fragen der menschlichen Existenz vernebelt worden ist.

2. Moderne Verfassungen sind politische Dokumente, die von liberalen und linken Ideen dominiert werden und keinerlei konservative Ideen enthalten dürfen, wobei selbst das Wort »Gott«, wenn es denn überhaupt erscheint, rein dekorativen Charakter hat.

3. Es sind vor allem die Präambeln der Verfassungen, welche den eigentlichen politischen Charakter der jeweiligen Projekte aufdecken, so daß ein Vergleich dieser Texte bei der Frage nach »Identität« sehr vielversprechend ist.

4. Es war vor allem die im April 2011 angenommene ungarische Verfassung, welche zum ersten Mal die Dominanz liberaler Ideen infragestellte und sich mit den grundlegenden Problemen unserer Zivilisation auseinandersetzte, indem sie liberale Errungenschaften mit Traditionen aus Geschichte und Naturrecht zu verbinden suchte. Eine der Schlußfolgerungen aus dieser Untersuchung ist die Aufforderung, daß es gerade konservative Denker sein sollten, welche eine neue Europäische Verfassung mitgestalten

sollten, welche dementsprechend sowohl konservative als auch liberale Elemente beinhalten sollte. Dies ist die große Herausforderung unseres gegenwärtigen Europas: Der »Illiberalismus« strebt nicht danach, die Freiheit zu beseitigen, sondern möchte Europa vor den Exzessen des Liberalismus schützen und somit die tatsächliche Freiheit garantieren, indem verhindert wird, daß der Einzelne zum Opfer irrationaler Kräfte zentraler Autoritäten wird, was in einem Weltstaat oder einer globalisierten politischen und wirtschaftlichen Institution mehr als wahrscheinlich ist.

5. Das grundlegende Problem ist folgendes: jeder hat sich zu entscheiden zwischen der Argumentation der modernen Menschenrechte auf der einen Seite und der des Naturrechts und der natürlichen Rechte auf der anderen. Es gibt keine Mittelposition, und nach vielen Jahrhunderten endloser Auseinandersetzungen haben sich sämtliche europäische Debatten auf diese eine Frage reduziert, welche bereits bei J.S. Mill in seinem Essai *On Nature* debattiert wurde: Entweder nimmt man die Natur als Leitbild, oder man läßt sie außer acht. Wenn man sie aber außer acht läßt, muß man der Relativität aller menschlichen Kompromisse zustimmen, was bedeutet, daß die Wahrheit unerreichbar wird. Niemand ist immun gegenüber Fehlern oder Irrtümern, aber Wahrheit muß erreichbar sein, ansonsten wäre nicht ein einziges Wort es wert, ausgesprochen zu werden. Die Wahrheit ist nicht außerhalb unserer Reichweite.

2. Wo liegt das Problem?

Es wird zunehmend deutlich, daß die Gefahren, denen wir Europäer ausgesetzt sind, ein doppeltes Gesicht tragen. Das eine ergibt sich, wenn wir rückwärts in die Vergangenheit unserer Kultur blicken: Unsere Geschichte entgleitet uns und prägt kaum noch unseren Geist und unsere alltäglichen Entscheidungen. Verlust der Tradition, Niedergang oder Verzerrung der drei Grundpfeiler europäischer Kultur wie Philosophie, Römisches Recht und Christentum, welche die Grundlagen für unsere Wissenschaften und unser Verständnis menschlicher Grundfreiheiten bildeten, sind die Folgen. Das andere Gesicht zeigt sich bei einem Blick voraus in die Zukunft, die voll von Gefahren ist, welche ihre Schatten schon auf viele Bereiche unseres individuellen und gesellschaftlichen Lebens geworfen haben. Wir mögen hier etwa an die Projekte der Transhumanisten denken, die Gender-Ideologie und zahlreiche weitere Praktiken, welche in der Tat »*das Ende der Einheit der Menschheit heraufbeschwören könnten*« – eine Idee, welche vor mehr als einem halben Jahrhundert von C.S. Lewis in seinem kleinen Meisterwerk »*The Abolition of Man*« beschworen wurde. Zum ersten Mal in der europäischen Geschichte ist sowohl unser Bezug zur Vergangenheit als auch zu unserer Zukunft zu einer bedrohlichen Frage geworden und erweckt zunehmende Ängste.

Das moderne Europa hat nach langem Kampf um sein klassisches Erbe schließlich seine eigenen Fundamente aufgegeben. Dieser Kampf gipfelte in der »Dispute des anciens et des modernes«, die freilich von einer großen Zahl analoger Debatten umgeben war, welche vom 16. bis zum 18. Jahrhundert vor allem in der französischen und englischen Öffentlichkeit ausgetragen wurden. Der wichtigste Punkt war die Frage, ob es entweder die Antike oder vielmehr die Neuzeit war, welche die grundlegenden Probleme des Menschen am besten zu lösen vermöchte. Der moderne

Mensch, zu dem man auch die meisten der Denker der Aufklärung rechnen kann, behauptet, daß weder Natur, noch Gott dem Individuum vorschreiben könne, wie er sein eigenes Leben zu verbringen habe, und sicherlich nicht die Gesellschaft. Wer also sein Dasein ideal verbringen will, solle alle Regeln vernachlässigen und sich nicht mehr um die Sitten und Traditionen seiner eigenen Gemeinschaft scheren. Was jemand tatsächlich sei, wieso er sich auf Erden befinde, und was seine Verantwortung sein soll, hänge ausschließlich von ihm selbst und niemand anderem ab.

Wenn Pascal vor Descartes warnte, oder wenn Kant genau erklärte, was Aufklärung sei, oder wenn Edmund Burke von Tom Paine herausgefordert wurde, betrafen alle jene Debatten letztlich nur die Frage, ob es die Argumente der »Alten« oder der »Jungen« waren, welche am besten an die Notwendigkeiten der Individuen und Gemeinschaften angepaßt waren. Die fundamentale Frage hierbei war, ob eine Gemeinschaft sich selber adäquate Ziele zu setzen vermag, oder nicht. Die moderne Lösung dieser Frage besagt, daß eine Gemeinschaft dadurch geschaffen wird, daß sich ihre Bestandteile, also die Individuen, schon von Natur aus als rigoros gleich betrachten. Die klassische Lösung allerdings ist, daß ein Individuum danach streben soll, durch Tugend und Wissen herauszuragen.

Heute steht es um die Debatte so, daß der Exzeß an Individualismus die Verantwortungen und Pflichten des Einzelnen völlig verdrängt hat. Es wird als gegeben angenommen, daß die Gegenwart der Vergangenheit überlegen sei, und daß die Zukunft in unseren Händen liege – was natürlich falsch ist, wenn wir sie auch bis zu einem gewissen Grade formen können. Es ist auch falsch, daß die Verstorbenen kein Recht haben sollen, uns mitzuteilen, wie wir unser Leben führen sollten, wie Tom Paine suggerierte. Das Recht, etwas zu tun oder zu lassen, wird heute zwar auf Mehrheitsbeschlüsse gegründet, aber auch das eigentlich nur, wenn es linksliberale Sichtweisen sind, welche über eine solche Mehrheit verfügen. Selbst demokratische Entscheidungen werden also als Richtlinien bei der Etablierung richtiger und falscher Handlungsweisen angezweifelt, während die faktisch dominante Sichtweise jene ist, der zufolge nur die Elite über Wahrheit und Irrtum entscheiden könne – eine Elite, die selbstverständlich ein Produkt der dominanten politischen Weltsicht und Machtstruktur ist. Und so ist denn die heutige Machtausübung ganz von einer Reihe bis zum Exzeß getriebener liberaler Dogmen dominiert, welche das eigentliche Problem unserer Gesellschaft darstellen.

3. Vier Exzesse oder Dogmen des Liberalismus

Die gegenwärtigen politischen Debatten bezüglich der Transformation der politischen Landschaft Europas sollten im Lichte von vier Faktoren betrachtet werden, welche ich gerne die »vier Exzesse des Liberalismus« nennen möchte. Die unterschwellige Vorstellung besteht dabei aus der dominanten linksliberalen Perspektive darin, daß das Ideal der Gleichheit eine absolute Wahrheit ist und um jeden Preis verteidigt werden muß. Man kann sogar die Demokratie kritisieren, aber nicht ihren eigentlichen Unterbau, die Idee der Gleichheit.

Wenn ein Nobelpreisträger etwa die Gleichheit der Rassen auf wissenschaftliche Weise in Frage stellt, wie es bei James Watson der Fall war, der für seine bahnbrechenden Arbeiten zur DNA den Nobelpreis gewonnen hatte, diesen (zusammen mit anderen Ehrentiteln) aber nach einigen umstrittenen Äußerungen wieder verlor. Dabei hatte sich Watson weder geirrt, noch eine wissenschaftlich fragwürdige Analyse geliefert, aber ihm wurde vorgeworfen, er habe die Wissenschaft »mißbraucht«, um »Vorurteile zu schüren«. Gleichheit ist also aus dieser Perspektive entweder keine wissenschaftliche Frage, sondern hat ohne wissenschaftliche Erklärung als gegeben angenommen zu werden; oder aber, Gleichheit ist als wissenschaftlich korrekt hinzunehmen, darf aber nicht in Frage gestellt werden. Dies erklärt auch, wieso immer mehr westeuropäische Universitäten sich beklagen, daß die Forschungsfreiheit zunehmend bedroht ist.

Ferner wird moralische Gleichheit immer genau so weit gedehnt und interpretiert, daß sie den Liberalen zur Begründung ihres jeweiligen Interesses dienen kann. Gerade die gegenwärtige Immigrationsfrage ist ein gutes Beispiel für jene liberale Argumentationstaktik. Liberale glauben, daß jedes einzelne Individuum genau dieselben Rechte besitze, unabhängig von seinem jeweiligen historischen, wirtschaftlichen, politischen und moralischen Hintergrund. Sie glauben dies, weil ihre gesamte Weltanschauung ausschließlich auf die Dimension des Einzelmenschen reduziert ist, der zudem als genuin rationeller Mensch verstanden wird. Solch ein abstrakter Zugang zu überaus komplexen und gefährlichen Problemen sollte eigentlich überaus vorsichtig stimmen. Denn wenn alle Menschen nicht nur im Prinzip, sondern auch tatsächlich, jetzt, im konkreten Fall, gleiche Rechte genießen sollten, würde dies unmittelbar jeden Menschen, der eine echte Person und nicht bloß ein Individuum ist, zerstören. Die meisten Liberalen stellen eine quasi-naturwissenschaftliche Analogie zwischen den Atomen und den Individuen her: Während ein Atom als kleinste unteilbare materielle Einheit gesehen wird, wird das Individuum als die kleinste organische Einheit der Gesellschaft betrachtet. Aber diese Analogie ist falsch. Der Mensch ist nur dann eine Person, wenn er die nötigen mentalen und moralischen Tugenden erwirbt, welche ihm durch die Erziehung seiner Gesellschaft vermittelt werden. Ein vollständiger Individualist hingegen glaubt, er selbst habe sein Ego geschaffen. Doch nein: Keine einzelmenschliche Leistung kann ohne die Voraussetzungen, welche durch die Gesellschaft hervorgebracht wurden, geschaffen werden. Daher sind moderne Liberale auch so zögerlich bei der Anerkennung der Tatsache, daß der Mensch zunächst ein Gemeinschaftswesen ist; ein Sachverhalt, welcher jenseits unserer Entscheidung oder unser Wünsche liegt.

Als die Liberalen daher vor einigen Jahrzehnten das Individuum zum Zentrum des modernen Konstitutionalismus machten, waren sie vollständig von den historischen Gegebenheiten der damaligen Nachkriegs-Situation bestimmt. Sie hatten zwar recht in der Forderung, daß der einzelne Schutz und Unterstützung braucht, aber die menschliche Natur ist viel komplexer, als daß sie sich nur auf das scheinbare Sein des Individuums reduzieren ließe, also eines rationellen, selbstbewußten einzelnen, der angeblich erheblich weniger Irrtümer begehe als alle anderen, zusammengesetzten Körperschaften.

3.1. Die Exzesse des Individuums
Es heißt, der Mensch wäre kein Gemeinschaftswesen, sondern eine Einheit; eines von vielen Atomen, aus denen die

Gemeinschaft zwar zusammengesetzt sei, die aber auch ohne die von jener geschaffenen Voraussetzungen sinnvoll leben könnten. Doch daß der Mensch ein Gemeinschaftswesen sei, stellt von Anbeginn an ein Axiom des europäischen politischen Denkens dar. Alle politischen Handlungen müssen sich vor allem auf die Gemeinschaft beziehen und erst in abgeleiteter Form auf das Individuum. Freilich ist auch der Begriff des Individuums relevant und hat zahlreiche Leistungen der europäischen Philosophie, Theologie und Politik hervorgebracht, doch ist das Individuum nur so lange wertvoll, als es nicht die Person vernichten will, welche ein moralisches Wesen mit eigener Geschichte, bewußten Entscheidungen und Treue gegenüber der Gemeinschaft, in der es lebt, darstellt. Und so besitzt das Individuum auch eine negative, böse Seite, welche aufbricht, wenn das Individuum sich nur mit dem Ego identifiziert und zu einer narzißtischen Persönlichkeit wird, die sich ausschließlich selbst liebt und unfähig ist, andere Menschen als Mitglieder der eigenen Gemeinschaft wahrzunehmen. Heutzutage aber wird das Individuum höher geschätzt als die Gemeinschaft, eine Sichtweise, die durch die Erinnerung an die noch nicht lange zurückliegenden kollektivistischen Gesellschaften eine gewisse moralische Stärkung erfährt. Das moderne liberale Individuum wird also als völlig autonomes Wesen begriffen, das frei und mit demselben Recht das Böse anstatt das Gute auswählen kann.

3.2. Die Exzesse des Rationalismus

Daß Rationalität der einzige wesentliche Charakterzug des Menschen sei, ist ein liberales Dogma, welches tief im kontinentalen Aufklärungsdenken verankert ist. Einmal mehr sind wir mit einer reduktionistischen Strategie des

Liberalismus konfrontiert: Die Realität war immer schon im Fokus des menschlichen Geistes und seines Intellekts. Aristoteles unterschied fünf Arten des Wissens. Der moderne Liberale aber erkennt nur eine einzige davon an, diejenige, die wir heute als »wissenschaftliches Wissen« bezeichnen, und welche Aristoteles wohl als empirisches Wissen beschrieben hätte. Dies bedeutet, daß eine Wahrheit nur dann gilt, wenn sie sowohl empirisch als auch logisch verifiziert werden kann. Dies ist der Triumph der Logik über die Rhetorik. Doch Logik ermöglicht uns nur Schlüsse auf Basis intellektueller Annahmen, während das Leben oder die Realität sich keineswegs dem anpassen, was logisch ist, so daß wir wissenschaftliche Schlüsse zur ultimativen Richtschnur nehmen könnten. Wir sollten daher Pascals Warnung nicht vergessen, das, was nur numerisch oder mathematisch ist, mit der absoluten Wahrheit zu verwechseln. Daher nannte Pascal auch Descartes gefährlich und die Mathematik nutzlos, denn er war sich bewußt, was tatsächlich auf dem Spiel stand: Die Frage nach Wahrheit, Vernunft und Weisheit. Die Menschen sind zu allen Zeiten rationell gewesen; die Frage ist nur, was man auf Grundlage des heutigen Wahrheitsverständnisses als rationell betrachtet. Denn die eigentliche Wahrheit kann im Prinzip von jedem Menschen erfahren werden; heutzutage allerdings hängt das Verständnis von Wahrheit und Rationalität im wesentlichen von der stillen Übereinkunft ab, daß man die Natur als Richtlinie der Wahrheitserfahrung aufgegeben hat. Dementsprechend glauben viele Menschen (und handeln dementsprechend), daß alles, was nicht rationell ist, wahnsinnig sei. Wahnsinn aber, *mania*, wie schon Platon wußte, verbirgt oft eine tiefere Wahrheit, welche hinter menschlichem Verhalten stecken kann.

Das große Paradox der westlichen Kultur liegt darin, daß sie zum einen ihr Bekenntnis zur Rationalität immer weiter ausfeilt, während sie tatsächlich in einem gewissen Sinne zunehmend irrational handelt, weil sie die Kontrolle über die natürlichen Fundamente und Kunstfertigkeiten verliert, auf der ihr Fortschritt beruht (Clonen, künstliche Intelligenz, Vergiftung der Umwelt durch Chemikalien, etc.).

Heute liegt der Wahnsinn daher eher in einem wachsenden Realitätsverlust, der im Kontrast steht zur immer größeren Bedeutung künstlicher Realitäten mitsamt den sich hieraus ergebenden, völlig künstlichen zwischenmenschlichen Beziehungen. Wir begegnen daher zunehmend Individuen, welche vollständig auf ihr Ego reduziert sind und jeglichen Charakter mitsamt Eigenschaften wie Liebe oder Treue verloren haben. Alles, was sie von sich selbst wissen, ist, daß sie allen anderen Egos gleich sind. Und da der Mensch ein Gemeinschaftswesen ist, haben diese Egos für sich einen kollektiven Kontext geschaffen, den man »Demokratie« nennt, und welcher auf der formalen Gleichheit aller Egos gegründet ist, und so ist es der Gedanke des Durchschnitts, der sowohl den Herrschern als auch den Beherrschten zugrunde liegt. Massengesellschaften sind daher durch das Fehlen tatsächlicher Führungsqualitäten paralysiert, deren eigentliche Aufgabe es sein sollte, den jeweiligen Gesellschaften ein Ziel zu geben. Denn da die Massen dem Individuum verwehren, über einen eigenen Charakter zu verfügen, verbirgt, ja verhindert die Demokratie die eigentliche Funktion der Machtausübung, nämlich Ziele abzustecken und die Gemeinschaft zu verteidigen. Die Massen herrschen daher nur dem Anschein nach über die Demokratie, tatsächlich aber behindern sie die Entwicklung von vernünftigen, kreativen und wertvollen Vorschlägen zur Staatsführung. Die Spannung zwischen dem Willen gesichtsloser und ausschließlich auf Konsum orientierter Massenmenschen auf der einen Seite und dem natürlichen Bedürfnis, Ziele zu schaffen, welche die Gemeinschaft zusammenhalten, bedroht das Überleben des westlichen Menschen, indem sie ihm die Antwort auf die Frage nach dem Sinn des Lebens vorenthält. Und ohne eine solche Antwort kann der Mensch nicht wissen, wie er leben, herrschen oder führen soll. Dies erklärt auch, wieso die hochtrabenden Formulierungen der gegenwärtigen westlichen Verfassungen so erstaunlich hohl klingen.

3.3. Die Exzesse des Legalismus

Die Überzeugung, daß alle Fragen einfach in die Sprache und die Prozeduren positiven Rechts und somit in ein legalistisches Verständnis menschlicher Probleme überführt werden könnten, geht weit in das frühneuzeitliche politische Denken zurück, als »Gerechtigkeit« damit gleichgesetzt wurde, den Buchstaben eines Vertrags einzuhalten, und der Kompromiß zwischen Gegnern allmählich allen anderen Formen der Sicherung von Frieden, Recht und Einheit vorgezogen wurde. Damals wurde der Gedanke des Naturrechts zusammen mit allen anderen Überzeugungen fallengelassen, welche J.S. Mill mit »*naturum sequi*« zusammenfaßte, und welche seit jeher die fundamentalen Prinzipien moralischen Denkens in den meisten Philosophenschulen gewesen waren. Gerade in der Antike, vor allem in Zeiten des Niedergangs intellektuellen Denkens, war dies die fundamentale Frage, anhand derer alle ethischen Überzeugungen geprüft wurden. Selbst die Stoiker und Epikureer, so unversöhnlich sie in vielen Aspekten auch waren, stimmten darin miteinander überein, daß die jeweiligen Maximen zur Lebensführung in Übereinstimmung mit der Natur formuliert werden sollten. Es war unter ihrem Einfluß, daß die römischen Juristen, als sie die Jurisprudenz zu vereinheitlichen suchen, ihrer Darstellung das *Ius naturale* voranstellten: »*quod natura omnia animalia docuit*«. Und da die modernen systematischen Denker, nicht nur unter den Juristen, sondern auch den Moralphilosophen, die römischen Juristen meist zum Vorbild genommen haben, wurden zahllose Abhandlungen zum Naturrecht verfaßt, welches zum ultimativen Standard der Rechtsbetrachtung wurde.

Was für ein Kontrast zur Gegenwart, wo das Naturrecht, da es »nur« in Herz und Gemüt eingeschrieben ist, als ungenügend betrachtet wird, weil es nicht in befriedigender Weise auf jeden spezifischen Fall gleichermaßen angewendet werden kann. Der Mensch möchte eben nunmehr auch das, was richtig und falsch ist, kontrollieren, so daß er einfach die Bedingungen von Wahrheit und Gerechtigkeit verändert hat, um alles passend zu machen: »Wahrheit« hängt heute vom Standard einer prozeduralistischen Verfahrensweise ab, und »Gerechtigkeit« unterliegt nur noch den vom Menschen gesetzten Bedingungen und Regeln, nicht denen der Natur oder Gottes. Dementsprechend kann das Recht auch nur noch mittels der Weiterentwicklung des legalen Verstandes gesprochen werden, basierend auf einem positiven Recht, das ausschließlich dem menschlichen Intellekt und dem Resultat politischer Kompromisse entspringt.

Das erstaunlichste Indiz für diese Entwicklung findet sich in den Einleitungen zu den geschriebenen Verfassungen der westlichen Demokratien. Es handelt sich hierbei um Dokumente, welche politische und legale Intentionen verbinden und zum Standard moralischer Urteile geworden sind, da eine Verfassung ein herausragendes Vorbild für die Art und Weise ist, wie man leben sollte – eine Frage, welche eigentlich die ultimative Aufgabe einer jeden Gesellschaft oder Gemeinschaft ist. Der auf positivem Recht basierende legalistische Ehrgeiz, getragen vom Kult der modernen Vernunft, ist dabei allmählich zur einzigen Quelle moralischer Konzepte wie etwa Demokratie, Gerechtigkeit, Rechtsstaatlichkeit oder Menschenrechte geworden. Die dauerhafteste Auswirkung dieser Entwicklung ist die Behauptung, daß alles, was dem Buchstaben nach legal ist, auch als politisches Ziel verfolgt werden darf. Das Gesetz wird also für Liberale, welche keine genuin eigenen Ideale mehr haben, zum ultimativen Weg, der tatsächlichen Wirklichkeit zu entfliehen, denn sie glauben nur noch an die Perfektion und Theorie des Rechts, obwohl dieses wahrlich kaum auf einer genauen Beobachtung der Realität und der Frage nach dem guten Leben beruht. Die Frage »Wie soll ich leben?« auf eine rein legale Ebene zu reduzieren, ist also alles andere als eine ernstzunehmende Antwort.

Freilich würden Liberale hier einwenden, daß sie nur für die freie Wahl des Individuums kämpfen, sein Leben selbstbestimmt zu führen, und daher ein legales System einrichten wollen, welches diese individuelle Wahlmöglichkeit individueller Lebensführung garantiert. Dagegen sind allerdings zwei Dinge einzuwenden: zum einen der problematische Status des Individualisten innerhalb einer Gemeinschaft, und zum anderen die Beobachtung, daß jedes Individuum, sollte seine Rationalität tatsächlich unbegrenzt und unendlich sein, das Zentrum der Welt sein müßte. Dies ist natürlich lächerlich, da jedes Individuum letztlich nur ein Mensch wie alle anderen ist, mit seinen

Grenzen und Schwächen: Der Mensch ist nicht Gott, und wäre er es, wäre der Akt des Denkens ohnehin redundant. Dementsprechend kann die gegenwärtige Dominanz legalistischen Denkens über den politischen oder oft auch nur den einfachen gesunden Menschenverstand keineswegs als gerechtfertigt gelten.

3.4. Die Exzesse des Fortschritts

Während der Fortschritt ein uraltes Konzept ist, entstammt die Überzeugung, daß Technologie und Managergeist, also die Kombination zwischen »soft skills« und entsprechender Ausstattung, alle unsere Probleme lösen können, einer noch nicht lange zurückliegenden Epoche und ist heute mit einer sehr spezifischen Sicht auf Zeit und Geschichte verbunden. Ganz im Gegensatz zum antiken Fortschrittsbegriff gründet das moderne Konzept auf einer aggressiven Sichtweise sowohl der Natur als auch auf der menschlichen Psyche mit ihrem Wunsch nach Natureroberung. »Fortschritt« beruht auf einem Fehlverständnis von Entwicklung. Niemand würde verneinen, daß Veränderungen in der menschlichen Welt bestehen, aber es ist schwierig zu beweisen, daß die menschliche Existenz seit jeher danach strebt, sich zu etwas Höherem oder Vollkommenerem zu entwickeln. Demgemäß ist die größte Kritik, die man gegen den Fortschrittsgedanken formulieren kann, nicht, daß es trotz Fortschritt immer Kriege gegeben habe, sondern daß die Moral der heutigen Zeit keineswegs derjenigen der Vergangenheit überlegen sei.

Der übersteigerte Glaube an den Fortschritt hat zwei schwere Folgen. Die eine ist eine moralische Relativierung, die andere ein Exzeß an Demokratie und Gleichheit. Denn wenn es tatsächlich Fortschritt gibt, muß das, was gestern wahr und gerecht war, heutzutage notwendigerweise unwahr und ungerecht sein. Freilich macht die egalitaristische Sichtweise des modernen Menschen es schwierig, solche offensichtlichen Unterscheidungen zu erfassen. Wir allerdings können wahrnehmen, daß eine moralische Identität zwischen den Tugenden und Werten aller Zeiten besteht, ebenso, wie groß gleich groß bleibt und klein gleich klein. Der menschliche Intellekt darf die Beziehungen zwischen beiden nicht vertauschen. Wer diesem Argument folgt, dem ergeben sich die Antworten auf zahlreiche andere Fragen ohne weiteres Zutun.

Moderne europäische Demokratien, eingeschlossen die EU selbst, geben sich keine wirklichen Ziele mehr, und ebensowenig die hierzu nötigen, adäquaten politischen Mittel. Als Folge hiervon sind die Massen ebenso fragmentiert wie die herrschenden Eliten, haben doch auch die Massen nie eigene politische Ideen entwickelt, sondern nur jene verbreitet, die ihnen indoktriniert wurden. Wenn die Massen unzufrieden oder verärgert sind, zerstören und verwüsten sie und sind leicht durch Demagogie beeinflußt. Die Massen selbst aber haben nie regiert, sondern vermögen nur ihre Sichtweise zu vermitteln, können den beliebtesten unter den ihnen vorgeschlagen Kandidaten demokratisch wählen, sind anfällig für Manipulationen, ändern schnell ihre Meinung und sind egoistisch. Aber da sie in der modernen, nur auf Wettbewerb zielenden Gesellschaft meist in verschiedene Parteien zersplittert sind, wie bereits Ortega y Gasset vorhersagte, werden ihre Fehler durch die analogen Fehler anderer Massenbestandteile aufgehoben. Unsere Sprache ist durch die Ideologie der modernen Demokratie völlig überformt worden, welche übrigens die erste Art der Regierung ist, die sich selbst freiwillig als »profan« erklärte. Profane Regime aber leiden meist unter dem Fehlen echter Führerschaft, da sie sowohl eine auf Tradition als auch auf Erfahrung basierende Regierungsweise ablehnen und zudem die Notwendigkeit einer jeden transzendenten Begründung der Herrschaft ablehnen, durch die allein die in der jeweiligen Kultur herrschende Weltsicht in politische Ziele umgewandelt werden kann. Massen sind unfähig, ihre eigenen Wünsche als politische Ziele zu betrachten, da sie zwar herrschen, aber niemals regieren, und zwar von den Eliten manipuliert werden, gleichzeitig aber jeglichen Versuch verhindern, eine Politik durchzusetzen, die sie, aus welchem Grunde auch immer, nicht befurworten. Massen sind politisch harmlos, solange sie von Armut und Langeweile befreit sind. Die größte Gefahr ist die potentielle Radikalisierung der Massen, die um jeden Preis verhindert werden muß.

4. Kann eine Verfassung Identität stiften?

Es ist allgemein bekannt, daß heute nur fünf Staaten über keine geschriebene oder kodifizierte Verfassung verfügen: Israel, das Vereinigte Königreich, Kanada, Saudi-Arabien und Neuseeland. Drei von diesen entstammen der legalen Tradition des britischen Konstitutionalismus (wobei seltsamerweise der größte und wahrscheinlich auch stärkste Staat unserer Zeit, die USA, über eine sogar recht alte geschriebene Verfassung verfügt, aber kulturell und politisch ebenfalls der englischen Kultur angehört).

Die Frage ist nun, ob eine geschriebene Verfassung zum Rückgrat der Identität eines Volkes oder eines Staates werden kann. Anders ausgedrückt: Wie läßt sich in einer politischen Gemeinschaft Identität stiften? Während eines Großteils der Geschichte folgten die Menschen einfach den Lebensmaximen, welche durch Religion, Regeln, Sitte, Vorschriften und Erziehung vorgegeben wurden. Es war Perikles, der zum erstenmal die Überlegenheit seiner Regierung nicht nur auf die Sitten der Vorfahren, sondern auch die Güte seiner Gesetze zurückführte. So sagte er zwar:

> *Doch da unsere Vorfahren einmal diese Einrichtung so als angemessen befunden haben, muß auch ich dem Gesetz Folge leisten und versuchen, so weit als möglich den Wünschen und der Vorstellung eines jeden von euch zu entsprechen.«* (Thukydides 2,35,3, übers. J.F.C. Campe)

Freilich hängt die ideale Einrichtung des Staates nicht nur von den Wünschen der Vorfahren ab, sondern auch von eigenständigen Entscheidungen:

> *Wir leben nämlich unter einer Verfassung, die nicht die Einrichtungen anderer nachäfft; vielmehr dienen wir selber eher als Vorbild, als daß wir andere nachahmen sollten. Der Name, den sie trägt, ist zwar der der Volksherrschaft, weil die Macht nicht in den Händen weniger, sondern einer größeren Zahl von Bürgern ruht; ihr Wesen aber ist, daß nach den Gesetzen zwar alle persönlichen Vorzüge niemandem ein Vorrecht verleihen, hinsichtlich seiner wirklichen Geltung aber jeder, wie er sich in etwas auszeichnet, im Staatsdienst seine volle Anerkennung findet.«* (2,37,1)

Das erste Gebot ist also, daß die gegenwärtige Generation den Vorgaben der Vorfahren zu folgen hat; das zweite, daß jene Gesetze zu pflegen sind, welche den Bürgern dienen; und das dritte, daß öffentliche Ämter aufgrund von Verdienst und nicht Privileg ausgefüllt werden sollen.

Gesetze sichern aufgrund ihrer intrinsischen Natur Gleichheit und Freiheit. Schon der Begriff der griechischen *politeia* verweist auf die Zusammensetzung der politischen Gemeinschaft aus Bürgern, ebenso wie der lateinische Begriff der *civitas*. Denn jede Gemeinschaft ist durch verbindende wie zersetzende Kräfte geprägt; die wichtigste Aufgabe ist daher, die Gemeinschaft zusammenzuhalten. Die Weisheit der Antike lehrte hier, daß gute Gesetze weniger von der spezifischen Form der Herrschaft abhängen als vielmehr von ihrer Qualität.

Aber können Gesetze egal welcher Gemeinschaft eine beliebige Identität verleihen? Nein, oder doch kaum in sich selbst. Wenn wir »Identität« als jenes zentrale Instrument betrachten, das verschiedenste Gruppen als Gemeinschaft zusammenhält, so sind es vor allem der gemeinsame Glaube und die gemeinsamen Sitten, welche die Mitglieder einer Gemeinschaft vereinen. Dabei hat jede Gemeinschaft zwei unüberschreitbare Grenzen: Die eine ist die Unerklärlichkeit des Kosmos, also des größtmöglichen Kontextes, in dem sich die menschliche Existenz abspielt; ein Mysterium, welche uns durch die Natur mitsamt ihren Gesetzen und dem Naturrecht vermittelt wird. Das andere ist der stetige Lauf der Zeit, welcher die verschiedensten Phänomene von Turbulenzen und Akkumulationen zwischen den Generationen verursacht. Daher hat sich der Mensch auch beständig für diese beiden transzendentalen Phänomene interessiert: Natur und Geschichte.

In der Moderne allerdings hat sich die europäische Zivilisation dafür entschieden, jede dieser beiden sie beschränkenden Kräfte zu bekriegen. Die modernen Naturwissenschaften wurden erschaffen, um die Natur zu erobern, während die modernen Gesellschaftswissenschaften wie auch der Geist des Managertums dazu entwickelt wurden, die instinktiven Bedürfnisse des Menschen zu zügeln und zu kontrollieren. Die Erfindung des modernen Geschichtsbegriffs diente dazu, den Lauf der Zeit in eine sinnvolle und kontrollierbare Sequenz von Episoden umzuwandeln, welche unter dem Schlagwort der »Notwendigkeiten der Geschichte« oder des »Sinns der Geschichte« stehen. Doch verdrängte diese Entscheidung die traditionellen Bindungen von Mensch zu Mensch: Der Kult des rationalen Individuums ist nunmehr tief in der europäischen Kultur verankert, und man könnte den Aufstieg dieses Konzepts wohl als den größten Unterschied zwischen dem Westen und den anderen Kulturen betrachten. Die sokratische Wende der Philosophie mit der Einführung des »*daimons*« als oberster Entscheidungsinstanz half dem Individuum, sich durch die Entwicklung der eigenen Rationalität von der Gemeinschaft abzugrenzen. Auch das römische Recht kann unter dem Fokus individueller Bedürfnisse und der Verwaltung des Privatbesitzes verstanden werden, ebenso wie unter dem Gesichtspunkt der Beziehungen zwischen den Individuen und zwischen diesen und dem Staat. Und natürlich trug das Christentum, tief geprägt von antiker Philosophie, zur Stärkung des persönlichen Ego bei. Der Gedanke und vor allem der praktische Schutz des Individuums, welche ins Zentrum frühneuzeitlichen Denkens gerieten, hatten also tiefe Wurzeln. Und somit ist es heute vor allem die Notwendigkeit der Befreiung und vor allem des Schutzes des Individuums, welche die wichtigsten Beweggründe, ja sogar Entstehungsmotivationen der modernen Verfassungen darstellen.

Moderne politische Bestrebungen kulminierten also in geschriebenen Verfassungen, wobei es vor allem die Gründung der Vereinigten Staaten war, welche bis heute als wichtigstes Beispiel und Vorlage des modernen Konstitutionalismus zu betrachten ist. Gemeinschaften, vom Stadtstaat bis zum Großreich, haben immer nach dem bestmöglichen politischen Regime gesucht; eine intellektuelle und auch sachliche Anstrengung, welche schließlich in die historische Entwicklung und konkrete Materialisierung der amerikanischen Verfassung mündete, die einen völlig neuen Rahmen für die Möglichkeit schuf, eine Gemeinschaft mit einer politischen Identität auszustatten, welche ihrerseits ihre eigentliche Identität ausmachte. Bis zu diesem Moment waren es Geschichte, Religion und Literatur (und teilweise auch politische Literatur), welche einer bestimmten Gemeinschaft das nötige Vokabular lieferten, ihre Angelegenheit zu regeln und die Ordnung zu gewährleisten. Zudem bestand keinerlei Möglichkeit, über Politik zu sprechen, solange keine Ruhe zwischen den Bürgern existierte, damit sie überhaupt ihre Überlegungen verbalisieren konnten. Auch war es so, daß es gar nicht als politisches Thema empfunden wurde, über die Frage der individuellen Wünsche und Perspektiven zu sprechen, solange Gemeinschaft so lebte, wie sie es von ihren Vorfahren gelernt hatte. Erst als die europäische Idee des Individuums entstand, zeitgleich und parallel zum Aufstieg der europäischen Philosophie, wurde der Konflikt zwischen dem Individuum und der Gemeinschaft auch als eine Spannung zwischen den Zielen der Gemeinschaft und denen der Mitglieder der Gemeinschaft wahrgenommen. Denn alle Konflikte sind letztlich in unterschiedlichen Zielvorstellungen zwischen Individuen, Völkern und Gemeinschaften begründet, so daß wir, wenn über Gesetze, Regeln oder Verfassungen gesprochen wird, lediglich verzweifelt nach einem Rahmen suchen, der die nötige Ruhe schaffen soll, damit die Mitglieder einer Gemeinschaft in Frieden zusammenleben können.

Gesetz und Politik sind also eng verbunden, wenn es um die Zukunft einer Gemeinschaft geht. Ohne Gesetze kann keine einzige Gemeinschaft überleben; und ohne Politik wird keine einzige ein gutes Leben führen können. Wenn wir also etwa die moderne Ehe bewerten wollen, oder andere, vorher noch nie dagewesene Verbindungen zwischen Politik und Gesetz, müssen wir zunächst einsehen, daß politisches Denken noch nie eine solche Bedeutung gehabt hat wie heutzutage. Aber wir sind auch mit dem unlösbaren Problem der scheinbar einfachen Integration von Gesetz in Politik konfrontiert: Gesetze sind auf Fälle begründet, welche bereits in der Vergangenheit auftraten, während Politik immer aus der Perspektive der Zukunft bewertet wird. Dies ist auch intellektuell ein unversöhnlicher Konflikt, denn was die meisten Menschen vom Gesetz erwarten, ist die Bewertung von Problemen auf der Basis früherer Erfahrungen und somit eine gewisse rückwirkende Wiedergutmachung vergangenen Übels, während die Politik darauf gründet, im Hinblick auf die Gegenwart eine erwünschte Zukunft zu gestalten – ein zumindest legal unüberbrückbarer Gegensatz.

Die wohl spektakulärste Art und Weise, den Konflikt zwischen Gesetz und Politik zu verdeutlichen, liegt darin, den Charakter der Präambeln verschiedener geschriebener Verfassungen zu vergleichen (s. hierzu auch den Anhang). Fast alle modernen Verfassungen oder Grundgesetze werden durch eine Präambel eingeleitet. Diese Präambel ist unterschieden vom Rest des Gesetzestextes, weil sie keine legal bindende Kraft besitzt, so daß es hier möglich ist, stark politische Gehalte anzusprechen, während der Rest des Textes eher die Rahmenbedingungen politischen Handelns definiert.

Allen Präambeln ist gemeinsam, daß sie zwei fundamentale Elemente ansprechen: Die Ziele einer bestimmten politischen Gemeinschaft, und die fundamentalen Prinzipien, mittels derer diese Ziele erreicht werden sollen. Und es besteht noch ein drittes, implizites Element: den Bürgern eine solide und endgültige Identität zu geben. Diese Intention ist natürlich teils fragwürdig, teils schwer zu begründen, weil Menschen ihr Leben in und durch Traditionen, Glaubensvorstellungen, öffentliche Emotionen und Sitten definieren; Bedürfnisse, die kaum durch geschriebene Verfassungen erfüllt werden können, wenn auch einzelne Staaten heroische Anstrengungen unternommen haben, ihren Bürgern die Verfassung als Quelle einer zivilen Religion näherzubringen, vor allem in den Vereinigten Staaten. Andere Staaten im Westen, so wie Deutschland, Rußland, Italien und andere verfügen nur über kurze Präambeln, welche lediglich betonen, daß die Menschenrechte die wichtigsten Werte ausmachen. Somit ist die Verteidigung der Menschenrechte meist im Zentrum moderner geschriebener Verfassungen, begleitet vom Wunsch nach Frieden, Ruhe, Gerechtigkeit und Wohlstand. Höchstens das deutsche Grundgesetz mit seiner Betonung der deutschen Einheit ermöglicht einen gewissen Spielraum für Politik und Identität. Ob direkt oder indirekt, verweisen alle Präambeln auch auf die dem Staat auferlegte Unterstützung des Volkes als einer Einheit selbstbestimmter Bürger.

Die Schaffung von Identität ist also wichtig, aber diese wird je nach Staat durchaus unterschiedlich verstanden:

Denn während die westeuropäischen Präambeln vor allem auf die Logik der Menschenrechte verweisen, tendieren die osteuropäischen Grundgesetze eher dazu, die Geschichte als die geistige und gefühlsmäßige Quelle von Identität zu betrachten, oft verbunden mit dem Ideal der Freiheit. Für die einen sind wir, was wir sind, durch die Einwirkung der Geschichte, der wir in vielen Fällen getrotzt haben, um unsere Freiheit zu bewahren, für die anderen aufgrund unserer Überzeugungen bezüglich der Menschenrechte oder der Rechtstaatlichkeit. Die ersten denken eher im rhetorischen Sinne, die letzten im logischen.

Wir leben also in einer Zeit von verfassungsmäßig organisierten Gesellschaften, und es scheint, als ob der Konstitutionalismus einer der wichtigsten Bezugspunkte des modernen politischen Lebens geworden ist. Traditionelle Gesellschaften sind meist durch Bräuche, moderne durch Verfassungen definiert. Die modernen Rationalisten glauben, daß geschriebene Verfassungen eine moderne Gesellschaft zusammenhalten können, indem das Wort »Gott« durch »gute Verfassung« ersetzt wird, Naturrecht durch Menschenrechte, Männlichkeit durch Gender-Gleichheit, Geschichte durch gegenwartsfixierte, logische Konstruktionen wie »gesellschaftliche Gerechtigkeit«, Tugenden durch Werte usw., so daß also der eigentliche Charakter des Menschen letztlich als minderwertig gegenüber den neugeschaffenen institutionellen Gegebenheiten und ihrem funktionalen Nutzen erscheint.

Wenn wir daher die Probleme unserer Kultur wirklich beheben wollen, ist es nötig, eine neue Verfassung für Europa zu schaffen, welche eben nicht nur die liberale, sondern auch die eher skeptische oder konservative Perspektive berücksichtigen muß. Es ist meine feste Überzeugung, daß ein gut integriertes Europa zwar sicherlich viele bisherige Verwirklichungen aufrechterhalten soll (so zum Beispiel den freien Personen- und Güterverkehr), aber zugleich auch die ursprüngliche Quelle seiner Identität schützen muß, also die verschiedenen Ebenen von Gemeinschaft unter Einbeziehung der Nation.

5. Schluß

Alle gegenwärtigen Krisensymptome der europäischen Gesellschaft sind Zeichen für den Niedergang der Beschäftigung mit der echten Bedeutung des menschlichen Lebens. Das Ziel eines Menschen – seine zentrale Lebensfrage überhaupt – ist unscharf geworden. Um diese Krise zu überwinden, muß sich jedes Individuum erneut die zentrale Frage stellen, wieso es das Leben lebenswert empfindet, und was das gemeinsame Ziel der europäischen Kultur wie auch das der Menschheit sein soll. Der Schlüssel hierzu ist, den Primat des Geistigen über das Materielle wiederherzustellen. Hierzu müssen wir die Bedeutung des Lebens betonen; die Familie, gegründet auf der Verbindung zwischen Mann und Frau, schützen; die natürliche Fortpflanzung verteidigen; die Gender-Ideologie bekämpfen; die Geburtenraten steigern und den Gedanken der universalen Bildung gegenüber der gegenwärtigen Ignoranz stärken. Und vor allem müssen wir unsere Vergangenheit mit der Zukunft verbinden, damit die Gegenwart keine sinnlose Leere, eine Einöde aus Zynismus und Nihilismus bleibt.

Ich bin in den vergangenen Jahren viel in die Bemühungen um eine Erneuerung Europas einbezogen worden. Braucht Europa eine Erneuerung? Oder braucht der europäische Mensch eher eine Warnung, daß wir uns allmählich dem Abhang nähern, der sich am Ende eines abschüssigen Weges befindet? Der Absturz wäre nicht der erste in der Geschichte, aber wohl der erste, der mit ziemlicher Sicherheit vorhergesagt werden kann. Doch jedesmal, wenn der europäische Mensch eine Krise oder eine Bürgerkriegssituation erlebte, war es die Philosophie, welche Stärke und Einfluß erlangte, nicht, weil Philosophie eine nie enden wollende Suche nach der Wahrheit wäre, sondern vielmehr, weil sie der höchste geistige Rahmen für Weisheit ist – ein Helfer in harten Zeiten. Was wir daher dringend benötigen, ist eine Weisheit, welche auf unserer eigenen Kultur gründet – also der griechischen Philosophie, dem römischen Recht und dem Christentum.

Europa hat viele Gesichter und unterliegt als Zivilisation vielerlei Interpretationen, ob aus geographischer, kultureller oder politischer Perspektive, während die Frage, wie der heutige Europäer leben sollte, so zentral und real bleibt wie immer. Es ist in dieser Hinsicht wohl kein Zufall, daß wir seit einiger Zeit ein immer größeres Aufkeimen verschiedenster Vorschläge sehen, die sich aus »traditionalistischer« oder »konservativer« Perspektive mit ehrlicher Bestürzung um das Überleben Europas sorgen.

In einem eigentlichen Sinne ist die Krise, die wir seit mindestens 2008 erleben, eng verknüpft mit den Konvulsionen der 1960er. Zunächst, weil dies das letzte Jahrzehnt war, in welchem die europäische Linke noch ein zusammenhängendes Weltbild hatte, an welches sie zu glauben vermochte und das sie allen anderen Völkern empfehlen konnte, nämlich die marxistische Überzeugung, daß eine klassenlose Gesellschaft möglich und wünschenswert sei. Zweitens, weil die allgemeine Liberalisierung der

Gesellschaft so weit fortgeschritten war, daß sie erstmals in einem großen Schritt alle Autorität, Tradition und die naturrechtliche Ordnung verneinen konnte: Autorität mußte aus allen Bereichen des gesellschaftlichen Lebens verbannt werden, vor allem aus der Erziehung; Tradition wurde als Hindernis auf dem Weg zum Fortschritt gesehen; und selbst eine so natürliche Größe wie die Familie wurde als der gesellschaftlichen Emanzipation des Einzelnen im Weg stehend empfunden. Gleichheit wurde die wichtigste Priorität moralischer Wertung, während ein freier marktwirtschaftlicher Wettbewerb als Schlüssel zu allgemeinem Wohlstand und einer »gerechten« Verteilung idealisiert wurde, mitsamt einem allgemeinen Glauben an die Vorteile der Internationalisierung.

50 Jahre später ist der Gedanke der Freiheit in bloßen Egalitarismus degeneriert, durch den jeder Gedanke an Größe erdrückt wurde, während die wirtschaftlichen Aktivitäten sich in einem globalen Rahmen und mittels einer entfesselten, richtungs- und führungslos gewordenen Technologie abspielen, und die kommunistische Internationale durch eine globalisierte Massengesellschaft ersetzt wurde, welche durch eine kleine liberale Führungselite beherrscht wird. Was man heute »Populismus« nennt, ist lediglich die Reaktion auf eine Frage, welche durch den Vergleich jener neuen Elite mit der alten der 1960er aufgeworfen wurde: Sind jene neuen Ideen wirklich nachhaltig? Die sogenannten Populisten wollen lediglich das Volk mit dieser Frage konfrontieren und die Machtverhältnisse neu verteilen.

Selbst die liberale Dominanz ist anfällig für die Realitäten und Bedingungen, die sie selber geschaffen hat, ihre Macht steht letztlich weiterhin zur Disposition, und es ist möglich, daß die Liberalen den Wettbewerb um die Interpretation der gegenwärtigen Sachlage verlieren. Das Trauma des Zweiten Weltkriegs ist vorbei, und ebenso ist das Vertrauen in die liberalen Versprechungen zerplatzt. Es ist Zeit, die grundsätzlichen zivilisatorischen Fragen der europäischen Kultur erneut zu verhandeln, allen voran den Charakter und sozialen Status der Heirat zwischen Mann und Frau, den Wert der Geschichte als Quelle von Gruppenidentität und Heimatliebe, die Freiheit als eine bewußte Entscheidung für einen Lebensentwurf und den Fortschritt als grundsätzlich ungeeignete Begründung für moralische Urteile.

Um dies zu verwirklichen, benötigt Europa eine Verfassung, welche auch konservative Gesichtspunkte berücksichtigt. Gerade ein Europa, das stolz ist auf seine Meinungsfreiheit, sollte die Gelegenheit nicht verstreichen lassen, die Idee einer Verfassung voranzutreiben, welche eben auch die Sichtweise verschiedenster konservativer Überzeugungen beinhaltet. Ansonsten wird Europa, wie es gegenwärtig leider der Fall ist, lediglich eine auf liberalen Dogmen und Exzessen gründende Zwangsmaschinerie bleiben.

Anhang: Einige Präambeln
(Texte nach: http://www.verfassungen.eu/)

1. Vereinigte Staaten von Amerika

Wir, das Volk der Vereinigten Staaten, von der Absicht geleitet, unseren Bund zu vervollkommnen, die Gerechtigkeit zu verwirklichen, die Ruhe im Innern zu sichern, für die Landesverteidigung zu sorgen, das allgemeine Wohl zu fördern und das Glück der Freiheit uns selbst und unseren Nachkommen zu bewahren, setzen und begründen diese Verfassung für die Vereinigten Staaten von Amerika.

2. Die Präambel der französischen Verfassung

Das französische Volk verkündet feierlich seine Verbundenheit mit den Menschenrechten und mit den Grundsätzen der nationalen Souveränität, so wie sie in der Erklärung von 1789 niedergelegt und in der Präambel der Verfassung von 1946 bestätigt und ergänzt wurden. Kraft dieser Grundsätze und desjenigen der freien Selbstbestimmung der Völker bietet die Republik den Völkern der überseeischen Gebiete, die den Willen bekunden, ihr anzugehören, neue Einrichtungen, die das gemeinsame Ideal der Freiheit, Gleichheit und Brüderlichkeit zur Grundlage haben und deren Beschaffenheit ihre demokratische Entwicklung ermöglicht.

3. Die Präambel der polnischen Verfassung

In der Sorge um unser Vaterland und seine Zukunft, nachdem wir in 1989 die Möglichkeit wiedergewonnen haben, souverän und demokratisch über unser Schicksal zu bestimmen, beschließen wir, das Polnische Volk – alle Staatsbürger der Republik, sowohl diejenigen, die an Gott als die Quelle der Wahrheit, Gerechtigkeit, des Guten und des Schönen glauben, als auch diejenigen, die diesen Glauben nicht teilen, sondern diese universellen Werte aus anderen Quellen ableiten, wir alle, gleich an Rechten und Pflichten dem gemeinsamen Gut, Polen, gegenüber, in Dankbarkeit gegenüber unseren Vorfahren für ihre Arbeit, für ihren Kampf um die unter großen Opfern erlangte Unabhängigkeit, für die Kultur, die im christlichen Erbe des Volkes und in allgemeinen menschlichen Werten verwurzelt ist, an die besten Traditionen der Ersten und Zweiten Republik anknüpfend, verpflichtet, alles Wertvolle aus dem über tausendjährigen Erbe an kommende Generationen weiterzugeben, mit unseren über die gesamte Welt verstreuten Landsleuten gemeinschaftlich verbunden, im Bewußtsein der Notwendigkeit, mit allen Ländern für das Wohl der Menschheitsfamilie zusammenarbeiten zu müssen, im Gedenken an bittere Erfahrungen aus der Zeit, in der die Grundfreiheiten und Grundrechte der Menschen in unserem Vaterland verletzt wurden, im Willen, Bürgerrechte stets zu gewährleisten sowie die Redlichkeit und die Leistungsfähigkeit der Tätigkeit der öffentlichen Institutionen zu sichern, im Bewußtsein der Verantwortung vor Gott oder vor dem eigenen Gewissen, uns die Verfassung der Republik Polen zu geben als grundlegendes Recht des Staates, fußend auf der Achtung vor Freiheit und Gerechtigkeit, der Zusammenarbeit der öffentlichen Gewalt, den gesellschaftlichen Dialog sowie auf dem

Prinzip, durch Hilfe die Rechte der Staatsbürger und deren Gemeinschaften zu stärken.

Alle, die diese Verfassung zum Wohl der Dritten Republik anwenden werden, fordern wir auf, dabei die dem Menschen angeborene Würde, sein Recht auf Freiheit und seine Pflicht zur Solidarität mit anderen Menschen zu beachten, und diese Prinzipien als unverletzliche Grundlage der Republik Polen immer einzuhalten.

4. Die Präambel der russischen Verfassung

Wir, das multinationale Volk der Rußländischen Föderation, vereint durch das gemeinsame Schicksal auf unserem Boden, die Rechte und Freiheiten des Menschen, den inneren Frieden und die Eintracht bekräftigend, die historisch entstandene staatliche Einheit wahrend, ausgehend von den allgemein anerkannten Prinzipien der Gleichberechtigung und Selbstbestimmung der Völker, das Ansehen der Vorfahren ehrend, die uns Liebe und Achtung gegenüber dem Vaterland sowie den Glauben an das Gute und an die Gerechtigkeit überliefert haben, die souveräne Staatlichkeit Rußlands wiederbelebend und die Unerschütterlichkeit seiner demokratischen Grundlagen bekräftigend, danach strebend, das Wohlergehen und das Gedeihen Rußlands zu gewährleisten, ausgehend von der Verantwortung für unsere Heimat vor der jetzigen und vor künftigen Generationen, im Bewußtsein, Teil der Weltgemeinschaft zu sein, geben uns die Verfassung der rußländischen Föderation.

5. Die Präambel der ungarischen Verfassung

Gott, segne die Ungarn!

Wir, die Mitglieder der ungarischen Nation, erklären zu Beginn des neuen Jahrtausends, in der Verantwortung für alle Ungarn Folgendes:

Wir sind stolz darauf, daß unser König, der Heilige Stephan I., den ungarischen Staat vor tausend Jahren auf festen Fundamenten errichtete und unsere Heimat zu einem Bestandteil des christlichen Europas machte.

Wir sind stolz auf unsere Vorfahren, die für das Bestehen, die Freiheit und Unabhängigkeit unseres Landes gekämpft haben.

Wir sind stolz auf die großartigen geistigen Schöpfungen ungarischer Menschen.

Wir sind stolz darauf, daß unser Volk Jahrhunderte hindurch Europa in Kämpfen verteidigt und mit seinen Begabungen und seinem Fleiß die gemeinsamen Werte Europas vermehrt hat.

Wir erkennen die Rolle des Christentums bei der Erhaltung der Nation an. Wir achten die unterschiedlichen religiösen Traditionen unseres Landes.

Wir leisten das Versprechen, daß wir die geistige und seelische Einheit unserer in den Stürmen des vergangenen Jahrhunderts in Stücke gerissenen Nation bewahren.

Die mit uns zusammenlebenden Nationalitäten sind staatsbildender Teil der ungarischen politischen Gemeinschaft.

Wir verpflichten uns, unser Erbe, unsere einzigartige Sprache, die ungarische Kultur, die Sprache und Kultur der in Ungarn lebenden Nationalitäten, die durch den Menschen geschaffenen und von der Natur gegebenen Werte des Karpatenbeckens zu pflegen und zu bewahren. Wir tragen die Verantwortung für unsere Nachfahren, deshalb beschützen wir die Lebensgrundlagen der folgenden Generationen durch den sorgfältigen Umgang mit unseren materiellen, geistigen und natürlichen Ressourcen.

Wir glauben, daß unsere Nationalkultur einen reichhaltigen Beitrag zur Vielfalt der europäischen Einheit darstellt.

Wir achten die Freiheit und die Kultur anderer Völker und streben eine Zusammenarbeit mit allen Nationen der Welt an.

Wir bekennen uns dazu, daß die Würde des Menschen die Grundlage des menschlichen Seins ist.

Wir bekennen uns dazu, daß sich die individuelle Freiheit nur im Zusammenwirken mit anderen entfalten kann.

Wir bekennen uns dazu, daß der wichtigste Rahmen unseres Zusammenlebens Familie und Nation, die grundlegenden Werte unserer Zusammengehörigkeit Treue, Glaube und Liebe sind.

Wir bekennen uns dazu, daß die Grundlage der Kraft der Gemeinschaft und der Ehre des Menschen die Arbeit und die Leistung des menschlichen Geistes sind.

Wir bekennen uns zum Gebot der Unterstützung der Hilfsbedürftigen und der Armen.

Wir bekennen uns dazu, daß das gemeinsame Ziel des Bürgers und des Staates die Vervollkommnung des guten Lebens, der Sicherheit, der Ordnung, der Wahrheit, der Freiheit ist.

Wir bekennen uns dazu, daß die wahre Volksherrschaft nur dort existiert, wo der Staat seinen Bürgern dient, sich ihren Angelegenheiten mit Billigkeit, ohne Mißbrauch oder Voreingenommenheit widmet.

Wir halten die Errungenschaften unserer historischen Verfassung und die Heilige Krone in Ehren, die die verfassungsmäßige staatliche Kontinuität Ungarns und die Einheit der Nation verkörpern.

Wir erkennen die infolge der Besetzung durch fremde Mächte eingetretene Aufhebung unserer historischen Verfassung nicht an. Wir lehnen die Verjährung der gegen die ungarische Nation und ihre Bürger während der nationalsozialistischen und kommunistischen Diktatur begangenen unmenschlichen Verbrechen ab.

Wir erkennen die kommunistische Verfassung aus dem Jahre 1949, die die Grundlage einer Willkürherrschaft bildete, nicht an. Daher erklären wir ihre Ungültigkeit.

Wir stimmen mit den Abgeordneten der ersten freien Nationalversammlung überein, die in ihrem ersten Beschluß deklariert hatten, daß unsere heutige Freiheit unserer Revolution von 1956 entsprungen ist.

Für uns gilt die Wiederherstellung der am neunzehnten März 1944 verloren gegangenen staatlichen Selbstbestimmung unserer Heimat ab dem zweiten Mai 1990, von der Bildung der ersten frei gewählten Volksvertretung an. Diesen Tag betrachten wir als Beginn der neuen Demokratie und verfassungsmäßigen Ordnung unserer Heimat.

Wir bekennen uns dazu, daß nach den zur moralischen Erschütterung führenden Jahrzehnten des zwanzigsten Jahrhunderts unsere seelische und geistige Erneuerung unbedingt notwendig ist.

Wir vertrauen auf die gemeinsam gestaltete Zukunft, auf das Engagement der jungen Generationen. Wir glauben, daß unsere Kinder und Kindeskinder mit ihrem Talent, ihrer Ausdauer und ihrer seelischen Kraft Ungarn wieder zu seiner würdigen Größe verhelfen.

Unser Grundgesetz ist die Grundlage unserer Rechtsordnung: ein Vertrag zwischen den Ungarn der Vergangenheit, der Gegenwart und der Zukunft. Ein lebendiger Rahmen, der den Willen der Nation, die Form, in der wir leben möchten, zum Ausdruck bringt.

Wir, die Bürger Ungarns, sind dazu bereit, die Ordnung unseres Landes auf die Zusammenarbeit unserer Nation zu gründen.

IMMIGRATION: GASTFREUNDSCHAFT UND ALLGEMEINNUTZ. EINE ALPTRAUMHAFTE ANTINOMIE

Chantal Delsol

1. Politik und Moral – eine Bestandsaufnahme

Die Frage der Immigration, wie sie sich uns Europäern heute stellt, ist eminent tragisch. Anders ausgedrückt: Sie ist wie ein Dilemma von Corneille, ein akuter Konflikt zwischen Politik und Moral – ein unlösbarer Konflikt, weil es tatsächlich keine »Lösung« geben kann, welche ihn auflöst. Es gilt, die Forderungen der Politik wie die Forderungen der Moral zu berücksichtigen, und trotzdem Entscheidungen zu treffen, welche drastische Folgen zeitigen werden.

Die Politik sagt: Der Regierende muß die Gesellschaft schützen, die ihm anvertraut wurde, und das bedeutet, eine ganze kulturelle Welt zu schützen, nämlich die, welche die Bürger zu ihrer Heimat gemacht haben (in unserem Fall diejenige, in der eine Frau auf die Straße treten kann, ohne Angst zu haben, vergewaltigt zu werden) – selbst wenn dies heißt, gegen die Moral zu handeln, indem man Flüchtlinge draußen läßt. Die Moral sagt: Eine Gesellschaft, vor allem wenn sie reich und wohlhabend ist, hat nicht das Recht, umherirrende Menschen draußen zu lassen, welche aus ihrer eigenen Heimat vertrieben wurden und Asyl beanspruchen – selbst wenn dadurch die kulturelle Identität derer, die sie willkommen heißen, bedroht wird. Beide Positionen haben jeweils recht. Zusammengenommen aber münden sie in einen Widerspruch. Und trotz allem muß der Regierende Entscheidungen treffen. Er kann weder ausschließlich ein Politiker sein, noch ausschließlich ein moralisches Wesen.

Cicero, später vom Hl. Augustinus zitiert, hat hierzu einen sehr eindringlichen Text geschrieben. Ein Mensch ist sterblich, schrieb er, aber eine Gesellschaft ist unsterblich. Ein Individuum kann sich dafür entscheiden, alles der Moral zu opfern, sowohl seine Existenz als auch sein Leben: Er kann sich entscheiden, für das Gute zu sterben. Aber eine Gesellschaft hat nicht das Recht dazu. Sie ist gewissermaßen verantwortlich für ihre Unsterblichkeit.[1] Sie muß das Fortdauern der gesamten kulturellen Welt sichern, die ihr anvertraut ist. Hierbei muß gesagt werden, daß »Dauer« als Lebenszweck einer Gesellschaft ein Problem ist, das nicht nur Athen und Rom unterschied, sondern auch Machiavelli und die gesamte hellenistisch-christliche Tradition, wobei Hitler Machiavelli gleichzeitig bekräftigte und diskreditierte, denn seit dem Nationalsozialismus, der im Namen der »Dauerhaftigkeit« die unmenschlichsten Mittel einsetzte, haben wir kaum noch das Verlangen, die Dauer einer Gesellschaft als Ziel an sich zu betrachten.

In der letzten Zeit haben wir alles gesehen. Jene, die politische Gründe anführen, ohne sich für Moral zu inter-

[1] Cicero, De re publica 3,2, in: Augustinus, De civitate Dei 22,6 (Übers. K. Büchner)»Aber diesen Strafen, die auch die Dümmsten spüren, Armut, Verbannung, Kerker, Schlägen, werden einzelne oft entgehen, da ein schneller Tod möglich ist. Staaten aber ist gerade der Tod, der die einzelnen von der Strafe zu befreien scheint, Strafe; es muß nämlich ein Staat so eingerichtet sein, daß er ewig ist. Deshalb gibt es keinen natürlichen Untergang eines Gemeinwesens wie den eines Menschen, bei dem der Tod nicht nur notwedig ist, sondern auch häufig wünschenswert ist. Wenn aber ein Staat beseitigt, vernichtet, ausgelöscht wird, so ist es, um Kleines mit Großem zu vergleichen, in gewisser Weise dem ähnlich, als ob diese ganze Welt zugrunde ginge und zusammenstürze.«

essieren: »Laßt uns die Grenzen schließen und sie draußen lassen.« Und jene, welche moralische Gründe anführen, ohne selbst die grundlegendsten politischen Argumente zu berücksichtigen: »Laßt uns alle Schleusen öffnen und die gesamte Welt hereinströmen.« Die ersten sind bereit, ihr moralisches Gewissen zu verlieren, um ihre Kultur zu retten. Die letzteren sind bereit, ihre eigene Kultur auszuradieren, um die Moral zu retten.

Auch (und vor allem) sehen wir alle möglichen Arten intellektueller und verbaler Manipulation. Zum Beispiel die Realitätsverweigerung, die darin besteht zu behaupten, alle Menschen seien austauschbar, weil es eigentlich keine kulturellen Identitäten gäbe, sondern ausschließlich eine universelle Kultur – eine Strategie, die es ermöglicht, Moral und Politik um den Preis der Verblendung zu versöhnen. Schlimmer noch ist die Realitätsverweigerung, welche behauptet, der Islam sei eine demokratische Religion, und Frauen hätten einfach nur »eine Armlänge Distanz zu wahren«, wie es kürzlich die Kölner Bürgermeisterin Henriette Reker formulierte. Anders ausgedrückt, lautet das Argument entweder, es sei unwahr, daß Massenimmigration ein Problem darstelle (der Islam sei zudem kompatibel mit unseren Gesellschaften), oder aber, sie sei letztlich nicht so schlimm (denn unsere Kultur habe so große Verbrechen begangen, daß sie es ohnehin nicht mehr wert sei, geschützt zu werden).

Jener vor allem in Westeuropa mehrheitlich anzutreffende Wunsch, Moral zu realisieren, ohne sich um Politik zu kümmern:

– entspricht dem ideologischen Glauben, demzufolge Politik nichts anderes sei als die Realisierung der Moral; die Politik solle also gewissermaßen verschwinden;

- ergibt sich aus der Entwertung der westlichen Kulturwelt, die es nicht lohne, noch von der Politik verteidigt zu werden, und entspringt dem moralischen Desaster des 20. Jahrhunderts (War die Entscheidung Angela Merkels nicht eine Form des Selbstmords?);
- resultiert aus der Ablehnung kultureller Unterschiede und kultureller Identität und entstammt dem Kult der Ununterscheidbarkeit – dem typisch post-modernen Wunsch, die Universalität, die Gemeinschaft der Kulturen, unmittelbar zu realisieren, »Babel« wahrzumachen.

Ich erinnere daran, daß wir uns bereits vor einem Jahrhundert in einer Situation wiederfanden, welche als kulturelle Gefahr und als bevorstehender Tod des eigenen Wesens wahrgenommen wurde, als der Fortschritt der Medizin auf der einen Seite und der Wohlfahrtsstaat auf der anderen Seite die Entstehung einer Massengesellschaft befürchten ließen, welche aus lauter »degenerierten« Individuen bestehen würde. Darwin[2] beschreibt den Kampf zwischen Moral und Notwendigkeit und sagt: Die Moral wird siegen – mit Bedauern. Er beschreibt diese Entwicklung als eine Art unvernünftiger Laune der Moral, welche wir »erleiden müssen, ohne uns zu beklagen«, da der Instinkt der Nächstenliebe »der edelste Teil unserer Seele« sei. Diese resignierte Konzession gegenüber der Moral war schrecklich, denn es war zu spüren, daß die Zeiten nur darauf warteten, sie abzuschütteln. Das Resultat war Hitler. Das nächste Mal, erschreckt durch jene moralischen Desaster, werden wir die

[2] Charles Darwin, La descendance de l'homme, Éditions Complexe, 1981, I, S. 145.

Moral um jeden Preis gewinnen lassen wollen, selbst wenn wir uns dadurch selbst vernichten, wie in Jean Raspails Roman »Das Lager der Seligen«.

Hinzu kommt noch ein eher historischer Grund, dem wir ebenfalls eine große Bedeutung zumessen müssen: Die Verantwortung der Kolonialmächte sowie jener, welche in den letzten Jahren aus wirtschaftlichen Gründen so zahlreiche Immigranten haben kommen lassen. So hat Frankreich unter Pompidou eine Unzahl von billigen Arbeitskräften aufgenommen (während die Schweiz es bevorzugt hat, selbst seine Müllmänner teuer zu entlohnen), und einige Stimmen sagen sogar, daß es ein Irrtum gewesen sei, Familienzusammenführungen zu gestatten, was natürlich inakzeptabel ist: Wenn man Völker kolonisiert und sie dann, wenn sie Französisch sprechen, auch noch ausbeutet, ist man auch verantwortlich für sie. Wenn man Arbeiter kommen läßt, hat man nicht das Recht, ihnen ihre Familie vorzuenthalten.

2. Tragik, Drama und Geschichte

Die moralische Überschwenglichkeit, die wir aber heute vor Augen haben, stellt einen Exzeß dar. Man könnte sie sogar als eine moralische Zügellosigkeit betrachten – ein Ausdruck, der den meisten Zeitgenossen wohl unverständlich ist: Wie kann man in dem, was »gut« ist, einen Exzeß begehen?

Jede Übertreibung bei der Befolgung von Prinzipien löst die Krankheit des Exzesses aus, selbst wenn diese Prinzipien an sich wohlmeinender Art sind. In dieser Frage liegt ein Mysterium, das heute nahezu unverständlich geworden ist, und welches auf die komplexe und tragische Natur der menschlichen Realität verweist. »*Unser Leben besteht, wie die Harmonie des Kosmos, aus Gegensätzen*«, schrieb Montaigne,[3] und was man seitdem »Polaritäten« genannt hat, hat nie aufgehört, Fragen aufzuwerfen. Doch genau hier liegt das Problem unserer Zeit: Diese Realität zu akzeptieren.

Unsere natürliche und kulturelle Welt ist aus komplementären Gegensätzen zusammengefügt, welche bei Tag/Nacht beginnen und sich über Mann/Frau oder bekannt/fremd bis hin zu heilig/profan fortsetzen (die Chinesen sprechen hier von Yin und Yang, um die unglaubliche Komplexität jener strukturell fundamentalen Widersprüche zu übersetzen).

In dieser Perspektive – welche die Moderne nach Kräften ablehnt – erscheinen uns die individuelle menschliche Existenz, die Existenz von Gesellschaften und die Geschichte an sich als eine Geschichte des Konflikts zwischen Werten. Nicht nur, weil die Individuen und die Kulturen verschiedene Wertsysteme hätten, sondern weil sogar innerhalb eines selben Gewissens, einer selben Gesellschaft, einer selben Gegenwart, ein andauernder Konflikt zwischen gegensätzlichen Notwendigkeiten besteht, die von gleichwertiger Bedeutung sind. Dies ist es, was wir »tragisch« zu nennen haben. Für Max Scheler definiert sich »*Das Tragische […] mit größter Klarheit und Reinheit, wenn Träger von gleichermaßen hohen Werten ›verdammt‹ sind, sich gegenseitig auszulöschen und zu vernichten.*«[4]. Nicht etwa in einem Krieg zwischen Individuen,

---

[3] Michel de Montaigne, Essais, Arléa 2002, III, XIII, S. 781.

[4] Max Scheler, Mort et survie, Aubier, 1952, S. 114.

Lagern oder Völkern besteht die eigentliche Tragik, sondern vielmehr in einem Konflikt zwischen gleichermaßen hohen Werten, welche sich buchstäblich gegenseitig töten. Denn in dem Moment, wo ich einen in meinen Augen fundamentalen Wert verwirkliche, zerdrücke und zerstöre ich einen anderen, in meinen Augen ebenfalls fundamentalen Wert. Das ist eine genuin tragische Situation.

In der Geschichte unserer Literatur ist das Tragische immer mit dem Gedanken des Schicksals und des Unausweichlichen verbunden. Die Wahl, vor die ich mich gestellt sehe, nämlich mich für einen fundamentalen Wert zu entscheiden, indem ich einen anderen fundamentalen Wert vernichte, ist keine Wahl: Es ist ein Verdammung, Teil eines Verhängnisses zu werden. Ein klarer Blick auf das Tragische ist gleichzeitig auch ein Verzicht auf die Schönheit der Welt und die Annahme der Tatsache, selbst die schwerwiegendsten Konflikte in Kauf zu nehmen, die aus dieser Tragik folgen. Man könnte sogar sagen, nur jene Konflikte seien wirklich schwerwiegend: Denn einen Feind in der sicheren Aussicht auf einen gerechten Kampf anzugreifen, und dabei »nur« sein eigenes Leben auf's Spiel zu setzen (also das, was man »Drama« nennt), ist eigentlich unbedeutend im Vergleich dazu, einen heiligen Wert auf dem Altar eines anderen heiligen Wertes zu opfern und dabei in beiden Fällen sein Gewissen zu verlieren (dies ist eine »Tragödie«). Kriege aller Arten zeigen, daß es immer effizienter ist, einen Menschen in eine tragische Situation zu versetzen als ihm einen ehrlichen Kampf zu gewähren: Während der Einzelne auch unter der Folter seine Kameraden nicht verrät, wird er zusammenbrechen, wenn es seine Nächsten sind, die gefoltert werden (Shusaku Endo hat dies zur zentralen Frage seines Buches »Schweigen«

gemacht, und das stalinistische Gefängnis von Pitesti im Rumänien Ceaucescus hatte diese Erkenntnis insoweit systematisiert, als es Folter unter nächsten Angehörigen zur Routine machte).

Die Moderne, welche auf der Annahme der Macht des Menschen gründet, der stets über alle Widrigkeiten und selbst das Schicksal triumphiere, muß daher jene tragischen Polaritäten zunächst vereinfachen, um sie dann zu lösen. Oder, wenn man diese Formulierung bevorzugt, die Moderne reduziert das Tragische auf das Dramatische, verfälscht es so aber freilich. Das Drama ist eine meist unglückliche Geschichte, in welcher das »Gute« zwar mehr oder weniger bekannt, jedoch schwer zu erreichen ist. Das ganze Interesse des Dramas, seine wirkliche Qual, gründet in der Schwierigkeit, ein von Anfang an festgelegtes und seinem Wesen nach wohlbekanntes »Gutes« zu verwirklichen. Die Charakteristik der Tragödie aber gründet im Konflikt zwischen Werten, die sowohl gut als auch böse sind – ein wahrer Kampf der Götter. In der Tragödie ist nicht derjenige der Held, der den Drachen tötet – denn entweder gibt es keinen Drachen, oder alles ist als eine Art Drache zu betrachten –, sondern vielmehr derjenige, der das Gleichgewicht findet. Daher muß der Held auch Einsicht haben: entweder in sein Scheitern, oder doch zumindest in sein Ausgeliefertsein an eine gnadenlose Spannung zwischen zwei hegemonialen Kräften. Diese Spannung ist sein Schicksal, und er ist ganz offensichtlich keineswegs ein »Herr der Welt«. Denn der tragische Held befindet sich immer in der Gefahr, erdrückt zu werden, woraus sich die Sympathie des Zuschauers mit seinem Schicksal ergibt.

Dies erklärt, wieso die Moderne die Tragödie nicht mag und sie zu einem Drama verflacht: Sie denkt, alle

Antinomien seien durch den Verstand zu »lösen«, also »aufzulösen«, und eigentlich ist sie überzeugt, daß sie keinerlei Daseinsberechtigung haben, da der Verstand sich an ihnen die Zähne ausbeißt. Eigentlich ist die Tragödie ein fluchbeladener Fleck im sauberen Land des Verstandes. Wir haben es also in diesem Weltbild vor allem mit Individuen zu tun, welche in eine dramatische Situation versetzt sind, aus der sie sich durch ihren Mut oder ihren Humor befreien. Denn sich halbblind voranzutasten, um ein Gleichgewicht zwischen zwei gleichermaßen ausgehungerten Werten zu finden, ist für den modernen Menschen zu erniedrigend. Dies würde nämlich bedeuten, daß eine Frage seine Urteilskraft übersteigen würde – was tatsächlich der Fall ist –, und daß er konzentriert abwägen müßte, um seinem Schicksal zu entkommen – auch das kann er nicht wollen. Daher zerschlägt er lieber den Gordischen Knoten und erklärt sich zum stolzen Besitzer des »Guten«, sucht aber gleichzeitig Sündenböcke, welche der Antinomie einen Sinn geben. Eine Taktik, welche kaum Erfolg hat, sieht man von einer gewaltigen Zahl unschuldiger Opfer ab.

Denn wenn man eines der Prinzipien der Polarität zuungunsten eines anderen exzessiv bevorteilt oder gar fälschlicherweise glaubt, eine Antinomie sei zu lösen, indem eines der Prinzipien einfach negiert wird, um dem anderen zum Triumph zu verhelfen, beginnt die Verwüstung – die Verwüstung der Utopie, die Zügellosigkeit der Prinzipien.

Weder das Besondere noch das Universelle haben in sich einen absoluten Wert. Ein Exzeß auf der einen wie der anderen Seite ist zutiefst schädlich. Das Besondere steht in Raum und Zeit immer an erster Stelle und priorität aufgrund seines unmittelbaren Bezugs zu den gegenwärtigen Aufgaben und Rollen (daher ja auch der Begriff der »Lebensaufgabe«, die jedem Einzelnen aufgrund seiner spezifischen Situation zukommt). Das Individuum ist verpflichtet, sich zuerst um seine Nächsten zu sorgen. Der Regierende ist verpflichtet, sich zuerst um das Wohlergehen der Gesellschaft zu kümmern, die ihm anvertraut wurde. Gesellschaft und Kultur sind als jener unsterbliche Horizont zu betrachten, ohne den keine Familie existieren oder werden kann. Die Sorge um das Allgemeine (alle Menschen lieben, sich um das Ferne kümmern, was in der Ferne geschieht) ist dagegen ein rein moralischer Affekt. Es geschieht, daß beide Pflichten in Kollision geraten oder sich widersprechen – wie in der gegenwärtigen Immigrationsfrage. Und es geschieht, daß eine Ideologie einen der beiden Begriffe verabsolutiert. Der Nationalsozialismus hat dies mit dem rrsten getan; der Kommunismus mit dem zweiten, und dies ist auch der Weg, den die Post-Moderne eingeschlagen hat (was die haßerfüllten Beschimpfungen gegenüber Donald Trumps Wahlspruch »America first« erklärt). In einer normalen Situation sollten beide Anforderungen friedlich zusammenleben, trotz oder gerade aufgrund ihrer Polarität. Romano Guardini spricht hierbei von einer »spannungsgeladenen Einheit«[5].

Erklären sich jene Polaritäten durch aufeinanderprallende Werte, oder durch verschiedene Bedeutungsstufen jener Werte? Besteht gar verschiedenes »Gutes«, das sich widerspricht? Nein. Das »Gute« an sich ist immer dasselbe: Es ist verbunden mit Liebe, Mildtätigkeit, Frieden, also mit allem, was uns vereint, während das Böse, der »*diabolos*«, immer in der einen oder anderen Weise spaltet. Wie kann man also jene Polaritäten erklären, jene miteinander

5 Romano Guardini, La polarité, Le Cerf, 2010, S. 91.

ringenden Prioritäten, welche alle demselben »Guten«
entstammen?

3. Tragik und Immigration

Das Problem der Immigration verweist auf einen typi-
schen Wertekonflikt und das Bestehen einer Polarität: Die
Gastfreundschaft ist eine heilige Pflicht – umso mehr, als
der Adressat meist zu den Schwachen gehört, denn als
Entwurzelter kann er nicht über den Schutz seiner eigenen
Gemeinschaft verfügen und ist somit schon per Definition
schutzlos. Aber die Ethik der Gastfreundschaft kollidiert
mit der langfristigen Zukunft einer Kultur. Daher kommt
es zu einem bösartigen, verbissenen Disput, einer Art
Krieg zwischen den Göttern, weil auf beiden Seiten ein
grundlegender Wert verteidigt und sogar verabsolutiert
wird. Die einen verteidigen die Priorität ihrer Kultur und
ihre Dauerhaftigkeit; die anderen die universalistische
Pflicht der Gastfreundschaft. Die ersten vermuten, daß die
Verteidiger des Universalismus ihre eigene Kultur gering-
schätzen, sie bereits abgeschrieben haben oder sie doch
nicht mehr lieben. Die letzteren hingegen vermuten, daß
die Verfechter des Partikularismus Fremde hassen – und
somit unterstellt jeder dem anderen egoistische Gefühle.
Es handelt sich hierbei also um einen wahren Krieg der
Werte, der wohl perfekt durch das Paar Donald Trump/
Hillary Clinton verkörpert wird. Auf beiden Seiten finden wir eine »Zügellosigkeit« der Werte, denn wenn nur
einer dieser Werte ausschließlich und um seiner selbst
willen verteidigt wird, kann dies nur auf Abwege führen.
Der Partikularismus, für sich genommen (ein Beispiel
hierfür wäre der Nationalismus), führt zu Egoismus und

Selbstabschottung und läßt einen ganzen Teil der menschlichen Existenz vergessen. Der Universalismus allerdings, für sich genommen, mißachtet die Wirklichkeit, verliert schnell jede Bodenhaftung und erfindet sich eine ideale Realität, die es in dieser Form nicht gibt. Und während der Partikularismus schnell zum Zynismus gegenüber allen Idealen führt, verleitet der Universalismus in seiner extremen Form schnell zum Haß auf das Wirkliche mit all seiner Unvollkommenheit und seiner unbefriedigenden Natur. Das Reale ist immer vermischt und mittelmäßig; der Universalismus kann es nur mit Verachtung betrachten.

Die Frage der Immigration wirft auch das Problem des Zusammentreffens von Gerechtigkeit und Mildtätigkeit auf. Eine jede Gesellschaft benötigt zuerst Gerechtigkeit, da sie bis zum Bersten voll ist mit verschiedensten widerstrebenden Bedürfnissen und Interessen, die alle ihren »Platz an der Sonne« finden wollen. Gerechtigkeit aber begründet die gesellschaftliche Ordnung. Mildtätigkeit ist etwas Zusätzliches, das weder beanspruchen sollte, die Gerechtigkeit zu ersetzen, noch sie zu entwerten. Aufgrund ihrer jeweiligen Eigenschaften kann man zwischen beiden Tugenden sicherlich einen Streit sehen. Die Gerechtigkeit möchte die Forderungen, die sich aus der Notwendigkeit ergeben, berücksichtigt sehen: Eine Gesellschaft braucht ein Fundament, braucht Sicherheit und Ordnung. Mildtätigkeit aber ist grenzenlos und will die gesamte Welt umfassen: Sie bedrängt die Gerechtigkeit und bemüht sich andauernd, sie zu überfluten. Im Winter 2017 haben im Tal von Névaches die Besitzer einer Reihe von Landhäusern afrikanische Migranten aufgenommen, welche die Grenze am »Col de l'Echelle« (La Scala) genannten Paß ohne Kontrolle durch den Grenzschutz überschritten hatten.

Schnell bildete sich ein Bürgerverband, der gegen die Strenge der Gesetze klagte, welche die Immigration steuern. Das moralische Ideal will sich überall verwirklichen und gerät dabei nicht nur mit dem menschlichen Egoismus, sondern auch den Notwendigkeiten des Rechts in Konflikt.

Stellt man heute fest, daß Europa nicht gut funktioniert, zieht man die Folgerung, daß man »noch mehr Europa« braucht, und wenn der gegenwärtige Grad an Freiheit nicht befriedigt, fordert man noch mehr Freiheit, und dasselbe gilt für alle Prinzipien und alle Werte, die als segensreich gelten. Und doch entspricht das konkrete Leben in keiner Weise dieser Art von Anforderungen. Ein befriedigendes Dasein führt nicht der, der ein Absolutum erreicht, sondern vielmehr der, der ein Gleichgewicht gefunden hat. Wenn Europa heute durch zahlreiche Funktionsstörungen gekennzeichnet ist, sollte man sich daher eher fragen, ob wir nicht zuviel Europa verwirklicht haben, und dasselbe gilt mit der Idee der Freiheit oder der Gleichheit. Was daher die Aufnahme von Immigranten betrifft, wird der Gipfel der guten Taten nicht damit erreicht, immer kolossalere Menschenmassen aufzunehmen, wie dies Frau Merkel glaubt. Eine befriedigende und großzügige Aufnahme wird dann erst gewährleistet, wenn man ein Gleichgewicht zwischen der größtmöglichen Zahl und dem fortgesetzten Schutz der Kultur des Gastlandes findet.

Die Frage lautet also (und die genaue Antwort ist schwierig, wahrscheinlich unmöglich), welches genaue Gleichgewicht zu finden ist, um jeden Exzeß zu vermeiden. Ein Prinzip bis in die letzte Konsequenz durchzusetzen ist sehr einfach: Es reicht etwa, sämtliche Unterschiede auszuradieren, um eine maximale Gleichheit herzustellen, wie Pol Pot, oder so viele Immigranten wie möglich aufzunehmen, wie Frau Merkel. Aber das Gleichgewicht – wer wüßte schon genau, wo es aufzufinden wäre! Es hängt von zahlreichen Faktoren ab, die es alle subjektiv zu messen gilt. Und die Schwierigkeit, das Gleichgewicht genau aufzeigen zu können, erklärt auch die Ratlosigkeit der Staaten Zentraleuropas. Denn das Gleichgewicht (Bis wo können wir gehen, wo müssen wir haltmachen?) muß jedesmal einer individuellen, spezifischen Wahl entspringen, die weder von einer generellen Theorie abhängt, noch von einem anderen getroffen werden kann. Ein Gleichgewicht zwischen Freiheit und Zwang, zwischen Gleichheit und Rangordnung, zwischen der Aufnahme von Fremden und dem Schutz der Kultur des Gastlandes – all dies entspringt spezifischen Entscheidungen, bei denen der Regierende große Verantwortung auf sich nimmt. Dies macht auch die Revolte der Staaten Zentraleuropas gegen den Versuch der europäischen Institutionen verständlich, ihnen von außen Flüchtlingsquoten aufzuzwingen. Sie haben daher auch Regierungen eingesetzt, welche einen solchen Versuch entschieden bekämpfen, da es sich hier um eine rein persönliche Entscheidung handelt. Hier sieht man gut, wie die europäischen Institutionen zu glauben scheinen, es reiche, mit einem moralischen Prinzip zu schwenken: Man müsse alle Türen für Flüchtlinge öffnen und diese dann maximal und rationell verteilen. Nun ist es aber so, daß den Ländern Zentraleuropas der Schutz der nationalen Kulturen erheblich wichtiger ist als den westlichen Staaten – eine spezifische Sichtweise, welche nicht nur der Geschichte, sondern auch der Erinnerung und der ganz besonderen Gefühlswelt jener Staaten entspringt.

Die Idee des notwendigen Gleichgewichts bringt uns zum Begriff der »Grenze«. Chesterton, dessen Schriften in

all ihrer Verspieltheit oft zahlreiche wertvolle Perlen aufweisen, sprach in dieser Hinsicht von irrsinnig gewordenen
Tugenden, ein sehr zutreffendes Bild: »*Die moderne Welt ist
gesättigt von alten, christlichen Tugenden, die irrsinnig geworden sind.*«[6] Schon zu seiner Zeit, vor einem Jahrhundert, leg-
te er so den Finger in die Wunde der Realität des post-modernen Humanismus. Wie kann eine Tugend verderblich
und irrsinnig werden? Ist eine Tugend nicht immer eine
Tugend und daher immer intrinsisch gut? Chesterton, der
ein typischer Konservativer war (und vielleicht sogar ein
Reaktionär), betont ganz besonders die Tatsache, daß die
moderne Welt nicht etwa schlecht sei, sondern vielleicht
sogar »viel zu gut«.

Viel zu gut? Es ist gerade hier, daß der Begriff der Polaritäten Sinn macht. Denn jene alten Tugenden, unter die
wir etwa die Solidarität oder Brüderlichkeit zählen können,
werden irrsinnig, nachdem man sie von ihrem Sockel he-
runtergenommen hat und sie von jeglicher Grenze befreit
hat. Sie irren durch die Natur, finden nichts als Leere und
sind dazu verdammt, immer größer zu werden und den
gesamten verfügbaren Raum anzufüllen, wahrhafte Oger,
welche aggressiv, verwüstend, gefährlich geworden sind –
gefährlicher noch als die Laster, denn diese lassen sich recht
einfach ausmachen und bekämpfen, während niemand sich
vor einer Tugend hütet.

Was bedeutet dies? Wieso ist eine solche Grenzenlosigkeit
schädlich? Sollte man denn nicht Solidarität oder Brüderlichkeit so stark machen wie nur irgend möglich? Werden
wir nun auch noch die alte Leier zu hören bekommen, daß
die Welt des Bösen bedarf, um wahrhaft ausgefüllt zu sein?

---

[6] Gilbert K. Chesterton, Orthodoxie, Climats, 2010, S. 50.

Sicherlich nicht. Aber eine Tugend kann nicht von ihrer Lebenswelt losgelöst werden. Sie gilt nur an einem Ort, zu einer Zeit, in einer Welt. Wenn sie allerdings wie trunken in einer Art Bacchanal durch die Natur irrt, wird sie mehr Schaden als Nutzen anrichten. Denn jeder menschliche Wert, jede Tugend, findet ihre eigene Grenze in der Situation, die sie hervorgebracht hat. Die Solidarität gegenüber den Migranten, die bei uns Asyl beanspruchen, kann nicht bis ins Unendliche ausgedehnt werden, weil sie in Konflikt gerät mit der Notwendigkeit, die Gastkultur aufrechtzuerhalten; eine Einschränkung, ohne die es sich nicht mehr um Solidarität, sondern vielmehr um Eroberung handeln und der gesamte Vorgang sein Wesen verändern würde.

4. Die Immigration bewältigen

Es ist klar, daß wir einen massiven Zustrom von Immigranten nicht vermeiden können. Was aber können wir in einer solchen wahrhaft erschreckenden Situation tun, welche auf der einen wie der anderen Seite zum Scheitern verurteilt ist?

Man kann umfangreiche Kapazitäten bereitstellen, quantitativ wie qualitativ. Ein Individuum kann, in eine tragische Situation versetzt, über sich hinauswachsen; eine Gesellschaft auch – aber nur unter der Bedingung, daß sie dies nicht im Namen eines fragwürdigen Gutmenschentums tut, sondern vielmehr einer Moral, welche ehrlich in den Notwendigkeiten des echten Lebens verankert ist. Denn man kann viel opfern, aber nicht, um ideologische Schwindler zu befriedigen.

Will man sowohl die Politik als auch die Moral verteidigen, würde es einer immensen Anstrengung bedürfen, um diese tragische Situation unter Kontrolle zu halten. Dies bedeutet, sowohl mit der größtmöglichen Klarsicht zu handeln (im politischen Bereich), als auch, die größtmögliche Solidarität zu zeigen (im moralischen Bereich). Klarsicht, das bedeutet: Endlich hinzunehmen, daß jene illegalen Einwanderer, die nichts hier zu suchen haben, ausgewiesen werden müssen (was nicht getan wird), einen Integrationsvertrag mit jenen, die aufgenommen werden wollen, abzuschließen (mit verbindlichem Erlernen von Sprache und Sitten) und die Wahrheit über den Islam zu sagen (wovon wir sehr weit entfernt sind!). Solidarität, das bedeutet: Auf bürgerliche Weise an der Aufnahme und Integration mitzuarbeiten. Man erinnert sich, wie ganz Europa von einem großen Elan guten Willens beseelt war, nachdem einige Menschen auf unzureichenden Booten im Mittelmeer ertrunken waren: Ganze französische Dörfer schlossen sich zusammen, damit jedes einzelne einige Flüchtlingsfamilien aufnehmen konnten, und die Deutschen beklatschten die Flüchtlingsmassen, die den Zügen entstiegen. All diese guten Vorsätze sind allerdings rasch verflogen, und dies nicht nur wegen der kurzfristigen Emotion, welche der einzige Motor dieses Elans gewesen zu sein scheint, sondern auch, weil sie nicht einer Stimmung genügender Klarsicht entsprungen waren. Es waren nur schöne Vorsätze – aus moralistischen Träumereien entstanden und nicht in der Notwendigkeit des Alltags verankert.

Moral wird unrein, wenn sie die Realität ablehnt. Der moralische gute Willen, den man allen Menschen schuldet, darf nicht der Selbstgefälligkeit entspringen. Ich respektiere alle Muslime, selbst wenn sie mich verachten, denn ich schulde allen Menschen Barmherzigkeit; aber den Islam respektiere ich nicht, eine Religion, die mich, neben vielen anderen Krankungen, als Frau verachtet.

Unsere Mitbürger werden einer massiven Aufnahme von Flüchtlingen sicher zustimmen, wenn man aufhört, sie zu belügen. Doch erst, wenn unsere Regierenden die Immigranten als unglückliche Gäste präsentieren würden, deren Aufnahme durch die elementarsten Gesetze der Gastfreundlichkeit erfordert wird, welche aber auch die Hausregeln zu beachten haben – dann kann ein Empfang möglich werden. Erst, wenn man akzeptiert, über jenen Teil des Islams zu debattieren, der bei uns integriert werden kann, anstatt jeden der Islamophobie zu bezichtigen, der jene Unterschiede anspricht – dann werden unsere Mitbürger ihre Arme öffnen.

Gutmenschentum provoziert Extremismus. Klarsicht, verbunden mit einem großen moralischen Sinn, könnte allerdings Wunder bewirken.

5. Ausblick:
Die Immigrationspolitik der Schweiz

Im Gegensatz zu dem, was man landläufig denken könnte, ist die Schweiz keineswegs eine identitäre Festung. Im Jahre 2008 zählte sie mehr als 20% Ausländer. Im Jahre 2017 sind es 25% geworden. Dies liegt natürlich auch daran, daß es schwer ist, die schweizerische Nationalität zu erlangen. Und trotzdem: Nimmt man zur Grundlage die offiziellen Zahlen von vor etwa zehn Jahren (2006[7]) oder diejenigen des Jahres 2017 (70 000 Einbürgerungen in der Schweiz im

---

[7] François Garçon, Le modèle suisse, Perrin, 2011, S. 205.

Vergleich zu 83.000 in Frankreich), scheint die Schweiz (im demographischen Verhältnis) mehr Menschen einzubürgern als ihre europäischen Nachbarn.

Das schweizerische System, sowohl großzügig als auch anspruchsvoll, wäre eine umfangreiche Studie wert. Die meisten Einwanderer sind Wirtschafts- und keine Politikflüchtlinge. Sie müssen mindestens 12 Jahre in der Schweiz gelebt haben, bevor über ihre Einbürgerung entschieden wird. Dann werden durch eine Untersuchung folgende Elemente überprüft: Daß der Antragsteller die Sprache seines Kantons beherrscht; daß er die Sitten kennt und die Traditionen seines neuen Umfelds respektiert; daß er das Rechtssystem (einschließlich des Strafrechts) kennt; daß er von seiner Arbeit und nicht von staatlichen Zuwendungen lebt (im Kanton Genf kommt noch die Bedingung hinzu, daß er explizit die Rechte und den Status der Frau respektiert). Diejenigen, die jene Bedingungen nicht erfüllen, sehen ihre Anfrage vorläufig suspendiert. Die Schweiz praktiziert dabei nicht mehr Abschiebungen als Frankreich, selbst wenn im Prinzip (und über dieses Prinzip wird häufig debattiert) kriminelle Ausländer, etwa 450 im Jahr, abgeschoben werden.

Es sind die Gemeinden, also die kleinste Verwaltungseinheit, welche den Kantonen die Einbürgerung vorschlagen, die im Allgemeinen die Entscheidungen der Gemeinden akzeptieren und zur Föderalebene weiterverweisen, die ihrerseits den Vorschlag des Kantons meistens übernimmt. Anders gesagt: Der Dienstweg ist dem französischen genau gegenläufig, wo es die Entscheidungen der Minister sind, die den Territorien aufgezwungen werden. Und man sieht natürlich auch den Unterschied, was die Folgen betrifft: In der Schweiz nehmen die Gemeinden, welche die Migranten namentlich kennen und auch ihren Lebenswandel verfolgen können, konkrete Entscheidungen. Wenn der wichtigste Akteur im direkten Umfeld agiert, ist die Hoffnung auf gesunden Menschenverstand ebenso wie auf Menschlichkeit meist nicht vergebens. Die Gemeinden nehmen sich auch ihre Zeit und handeln meist eher durch sanfte Überzeugung als durch richtigen Zwang, wenn es darum geht, zum Erlernen von Sprache und Sitten zu motivieren. Eine solche örtliche Entscheidungsebene illustriert auch die zwischenmenschlichen Rechte und Pflichten, indem sie konkretisiert und gewissermaßen entmythologisiert werden (sich etwa dafür einsetzen, daß die Frauen von Immigranten nicht bei sich zu Hause eingesperrt werden oder in die Verfügungsgewalt des ältesten Sohnes geraten, meist der Einzige, der Sprache und Sitte des Gastlandes kennt, ist eine der Sorgen der Genfer, die zudem kaum durch eine Zentralgewalt beseitigt werden kann).

In der Schweiz existieren kleinere Städte, deren Bewohner bereits zu 40% Fremde sind, meist Muslime, wie in Frankreich. Ghettos allerdings kennt man nicht, ebensowenig wie djihadistische Rekrutierungsmechanismen, Aufstände oder Samstage, an denen regelmäßig Dutzende oder Hunderte Wagen niedergebrannt werden. Die Gemeinderäte arbeiten ganz auf ihrer lokalen Ebene und verfügen über Statistiken und Zahlen, die nicht dazu einladen, laut über »Rassismus« oder »Diskriminierung« zu klagen.

Die auf dieser Ebene getroffenen Entscheidungen können freilich manchmal brutal wirken. Es war jene Nachbarschaftsdemokratie, welche im Jahre 2009 ermöglicht hat, daß die große Mehrzahl der Kantone gegen den Bau von Minaretten gestimmt hat. Aber es sind wohl auch der hohe Anspruch und die große Klarsicht, welche eine Integration von so vielen Fremden aus einer gänzlich anderen Kultur ermöglichen, ohne auf der einen Seite zur Gewalttätigkeit der Ghettos oder auf der anderen Seite zur identitären Verbitterung zu führen. Eigentlich bedauert man es, sagen zu müssen, daß es gerade jenes europäische Land ist, das seine Immigration am besten bewältigt, das nicht Teil der europäischen Institutionen ist. Wäre die Schweiz Teil der EU, dürfte sie nicht mehr handeln, wie sie es gegenwärtig tut: Aus lauter humanitaristischem Gutmenschentum würde die Klarsichtigkeit verboten, und die Schweiz würde die Quintessenz ihres Erfolgsrezepts verlieren. Nur ein anspruchsvoller Geist, und nicht nur eine Suada wohlmeinender Gefühle kann es erlauben, jene beiden widersprüchlichen Forderungen zu verbinden: Moral und Politik, ein großzügiger Empfang und der Schutz der Kultur des Gastlandes.

AUF DEM WEG ZU EINER RENAISSANCE DES KONTINENTALEUROPÄISCHEN WIRTSCHAFTSMODELLS?

Max Otte

1. Einleitung

Die Globalisierung hat ein angelsächsisches Gesicht. Das Vertrauen in die Kapital- statt in die Kreditmärkte, eine skrupellose Ethik des Erfolgs (und nicht der Verantwortung), der Vorrang des privaten vor dem öffentlichen Recht, die absolute Dominanz des Privatbesitzes und der geringe Anteil öffentlicher Güter sind alles Wesenszüge des angelsächsischen wirtschaftlichen Modells und seines Vertrauens in das private vor dem öffentlichen Interesse. Die Welle der Globalisierung hat nach dem Fall des Kommunismus auch die Reformstaaten Europas erreicht und unter anderem zu einem intensiven Wettbewerb zwischen dem angelsächsischen, deutschen und französischen Rechtssystem geführt.

Zum gegenwärtigen Zeitpunkt haben der Finanzkapitalismus und der Neoliberalismus in den meisten Staaten gesiegt, so daß Philip Ther gar von einem »*new order in the old continent*« sprach.[1] Und doch besaß Kontinentaleuropa ein Wirtschaftsmodell, welches grundsätzlich von dem heutigen siegreichen Modell des Finanzkapitalismus unterschied und das sich vor allem durch folgende Züge kennzeichnete:

---

[1] Philip Ther, Die neue Ordnung auf dem alten Kontinent - eine Geschichte des neoliberalen Europa, Berlin, 2014.

- eine Ethik der Verantwortung anstatt des Erfolgs,
- eine mit dem Eigentum einhergehende soziale Verantwortung,
- eine Kultur der Solidarität und der staatlichen Dienstleistungen,
- starke Banken und Kreditmärkte.

Der französische Wirtschaftswissenschaftler Michel Albert bezeichnete dieses Modell als »Rheinischen Kapitalismus«[2], Ludwig Erhard in Deutschland nannte es »Soziale Marktwirtschaft«,[3] und die katholische Kirche hat ein ganzes sozialethisches System entwickelt, um jenes Modell zu stützen.

Die gegenwärtigen Dogmen und Maßnahmen der Wirtschaftspolitik sind angelsächsisch geprägt. Einer der Gründe für die Unterschiede im wirtschaftlichen wie ethischen Zugang zur gesellschaftlichen Realität mag daran liegen, daß die Völker Mitteleuropas nie über umfangreiche Kolonien oder sonstige Außenbesitzungen verfügten, deren Ausbeutung ertragreicher gewesen wäre als das traditionelle Wirtschaften. Die Eliten Mitteleuropas hatten somit nicht die Möglichkeit, das Land zu verlassen, um außerhalb ihr Glück zu suchen, etwa indem sie Kolonien verwalteten oder umfassende Handelsnetze aufbauten; sie mußten vielmehr innerhalb ihrer eigenen Gesellschaften arbeiten und sie verbessern, wie von Alfred Chandler und Carl Schmitt gezeigt wurde.[4]

---

[2] Michel Albert, Capitalism against Capitalism, London, 1993.

[3] Ludwig Erhard, Wohlstand für alle, Köln, 2009.

[4] Alfred Chandler, Scale and Scope - the Dynamics of Industrial Capitalism, Cambridge, Mass, 1994; Carl Schmitt, Land und Meer - eine weltgeschichtliche Betrachtung, Stuttgart, 2018 Edition.

2. Das kontinentaleuropäische Modell

2.1. Verantwortungs- anstatt Erfolgsethik

Die Lehren der katholischen Kirche umfassen die Verantwortung der Reichen und Mächtigen gegenüber den Armen und Bedürftigen als grundlegende moralische Verpflichtung (katholische Soziallehre). Die Dominikaner zum Beispiel entwickelten diese Lehren nach dem Zweiten Weltkrieg in Deutschland weiter, und das Institut für Gesellschaftswissenschaften in Warlberberg führt die katholische Soziallehre in einer zeitgemäßen Form fort.

Dies gilt auch bis zu einem gewissen Grad für den kontinentaleuropäischen Protestantismus und Pietismus, die sich grundlegend vom Puritanismus und der anglikanischen Kirche unterscheiden, wo der Glaube an die Prädestination eine wichtige Rolle spielt: Der Erfolg in diesem Leben ein Hinweis auf die Errettung im Jenseits. Der Erfolg rechtfertigt sich damit selber. Diese Lehre hat massiven Einfluß auf die heutige Wirtschaftsethik gehabt.

2.2. Die soziale Verantwortung des Eigentums

Das Deutsche Grundgesetz sagt in Artikel 14 Absatz 2: »*Eigentum verpflichtet. Sein Gebrauch soll zugleich dem Wohle der Allgemeinheit dienen.*« Es erklärt weiterhin, daß Eigentum auch verstaatlicht werden kann, wenn dieser Besitzwechsel von einer ausreichenden Entschädigung begleitet wird.

In der angelsächsischen Wirtschaftstheorie allerdings, wie sie sich etwa auf Thomas Hobbes und John Locke zurückführt, gilt das private Eigentum als absolut, und es ist eine der zentralen Funktionen des Staates, dieses Eigentum zu schützen (»property rights«, »contract theory«). In einer Hobbes'schen Welt sitzt jeder Grundbesitzer auf seinem Eigentum wie ein absoluter König, während der Staat ihn gegen jeglichen Eingriff von außen schützt.

Dieses unterschiedliche Verständnis des Eigentums übt auch einen wichtigen Einfluß auf die jeweilige Wirtschaftsordnung aus. In den Vereinigten Staaten sind große Teile des Landes eingezäunt, selbst im menschenleeren Westen, und der Eigentümer hat das Recht, jeden Eindringling zu vertreiben (und sollte es zu einem Schußwechsel kommen, wird es meist der Eigentümer sein, dem das Recht zugesprochen werden wird). Selbst der Zugang zu den Nationalparks ist oft sehr schwierig, weil viele der umliegenden Grundstücke durch die privaten Besitzer eingezäunt worden sind und nur wenige kleine Zugangswege offen lassen.

Das deutsche Jagdgesetz läßt einen grundsätzlichen unterschiedlichen Zugang zum Verständnis von Land und Eigentum erkennen. Nach der Liberalisierung der Jagd im frühen 19. Jahrhundert waren Wälder und Felder bald überbejagt, bis es zu einer Reform der Jagdgesetze kam: Die Besitzer behielten weiterhin die wirtschaftliche Nutzung des Landes, und die Allgemeinheit erhielt das Recht, das Land im Sinne von Freizeitaktivitäten zu nutzen, solange sie sich verantwortungsvoll verhielten.[5] Das Jagdrecht selber aber wurde hiervon abgespalten und die Eigentümer kleinerer Grundstücke in Jagdgenossenschaften von mindestens 80 Hektar zwangsweise zusammengefaßt, um eine verantwortungsvollere Verwaltung des Wild- und sonsti-

[5] Ganz analog verfügen Reisende in Skandinavien über das Recht, einen oder zwei Tage auf einem privaten Grundstück ihr Lager aufzuschlagen, solange sie nach diesem Zeitraum weiterziehen (auf Swedisch als »Allemannsrätt«, also »Jedermannsrecht«, bezeichnet).

gen Tierlebens zu gewährleisten. Die Genossenschaft verpachtete dann das Jagdrecht an einen Pächter.

Doch die Zeiten verändern sich: Durch Eingriff des Europäischen Gerichtshofs dringt auch in diesen Bereich das angelsächsische Rechtsverständnis ein, denn einzelne Grundbesitzer versuchen, das Jagen auf ihrem Besitz verbieten zu lassen, und bringen somit ein wohldurchdachtes System, das auf die Versöhnung verschiedenster gleichberechtigter Interesse hin konzipiert worden war, in Gefahr.

2.3. Kultur der Solidarität und staatlichen Dienstleistungen

Das kontinentaleuropäische Wirtschaftsmodell betrachtet öffentliche, staatsfinanzierte Dienste in vielen Bereichen der grundlegenden öffentlichen Güter und Dienste als wünschenswert: Gesundheitsfürsorge, Renten, Erziehung, Medien und öffentliche Infrastruktur. Die dieser Ordnung zugrundeliegende Idee ist, daß diese Dienste allen Bürger auf ungefähr egalitärer Basis zur Verfügung stehen und nicht vom Vermögen des Einzelnen abhängig sein sollten. Einmal mehr findet auch diese Kultur öffentlicher Güter ihre Wurzel in den mildtätigen Werken der Kirche und später der Zünfte.

Im Gegensatz hierzu kennt die angelsächsische Welt eine Tradition der Privatisierung, welche mit der Aufteilung und Einzäunung der Allmende im 16. Jahrhundert beginnt und sich bis hin zu den berüchtigten »Highland clearances« im Schottland des frühen 19. Jahrhunderts fortsetzt, als die Angehörigen der Clans von den adligen Grundbesitzern von ihrem Land vertrieben und selbst ihre Wohnungen angezündet wurden, um Raum für die ertragreicheren Schafherden zu machen.

Heutzutage gesteht selbst die OECD (Organization for Economic Cooperation and Development), die man kaum als eine sozialistische Organisation bezeichnen kann, ein, daß die Globalisierung der Mittelklasse schadet. Auch erfolgreiche und extrem reiche Investoren wie Warren Buffett (»*There's a class war, alright, but it's my class that's waging it and unfortunately, we're winning.*«) oder Ray Dalio (Bridgewater) warnen vor einer immer stärkeren gesellschaftlichen Polarisierung.[6]

Bereits 2008 gab der »Le Monde Diplomatique« eine Sonderausgabe über den Niedergang öffentlicher Güter heraus, in welcher die Autoren das allmähliche Verschwinden dieser Güter bedauerten. Heute ist es leider schon fünf nach zwölf. Gerade in einem konservativen Europa der Zukunft brauchen wir dringend grundlegende Dienstleistungen und eine angemessene soziale Sicherheit für normale Menschen, um aus ihnen sichere und auf ihre Zukunft vertrauende Bürger zu machen.

2.4. Starke Banken und Kreditmärkte

Das kontinentaleuropäische Modell war auf einem System von starken Banken und Kreditmärkten gegründet; Aktienmärkte hatten nur eine unterstützende Funktion. Kreditmärkte stärken das Risikomanagement und die Herausbildung langfristiger Beziehungen: Vertrauen, das Eingrenzen von Risiken und das Sichern eines nachhaltigen Gewinns sind wichtiger eingeschätzt als kurzfristige maximale Gewinne.

Diese Kultur des gegenseitigen Vertrauens, der Langfristorientierung und der Risikoverwaltung ging Hand in Hand mit einer starken Dezentralisierung der Kapitalströme.

---

[6] https://de.wikiquote.org/wiki/Warren_Buffett; Ray Dalio, Principles for Navigating Big Debt Crises, Bridgeport, 2018.

Zusätzlich hierzu sicherte ein starker Sektor von Spar- und Kreditinstitutionen sowie Kooperativbanken, daß kleine und mittlere Unternehmen sowie Handwerker stetig mit Kredit versorgt wurden, wodurch in diesem Bereich in Mitteleuropa ein viel aktiverer Sektor geschaffen wurde als etwa in England oder den Vereinigten Staaten; nur Frankreich wurde aufgrund seiner imperialem Geschichte früher als Mitteleuropa einem Prozeß größerer Zentralisierung unterworfen.

Aktienmärkte, vor allem nach der Wirtschaftskrise der frühen 1870er, wurden streng gesetzlich geregelt und übten nur eine unterstützende, keine zentrale finanzielle Funktion in den Wirtschaftssystemen Mitteleuropas aus.

3. Business-Schulen und Wirtschaftsfakultäten

Wirtschaftsfakultäten und Business-Schulen basieren überwiegend auf dem angelsächsischen Wirtschaftsdenken und lehren einen so extremen Individualismus, wie selbst Adam Smith ihn in seiner Radikalität nicht befürwortet hätte. Dieser extreme Individualismus wurde von Karl Popper, Ludwig von Mises und Friedrich August von Hayek im 20. Jahrhundert weiter ausgearbeitet und gefordert, ebenso von Milton Friedman. Die ersten drei sind eigentlich als angelsächsische Denker zu bezeichnen, da sie die geistige Einstellung ihrer Gastkultur vollkommen übernommen haben, was eigentlich auch von Karl Marx gesagt werden kann, dessen Weltbild nur insofern konträr zum nationalökonomischen Denken war, als daß bei ihm die Konkurrenz nicht zwischen Individuen, sondern Klassen stattfand.

Die »Mont Pelerin Society« wurde 1949 gegründet, um die Renaissance des Liberalismus in Europa zu fördern. In den 1960ern entstand ein Riß zwischen den Befürwortern einer radikalen Marktwirtschaft wie Friedman und Hayek auf der einen und den Befürwortern eines starken, wenn auch begrenzten Staates, welcher die allgemeinen Regeln bestimmt (»Ordnungspolitik«), auf der anderen Seite, vertreten von Wilhelm Röpke und Alexander Rüstow – ein Konflikt, welcher mit dem Austritt der letzteren aus der Gesellschaft endete und die Dominanz des angelsächsischen Denkens endgültig einleitete.

Heutzutage züchten die Wirtschaftsfakultäten mathematisch und formal hochqualifizierte Studenten, denen aber jegliches Wissen auf dem Gebiet der Wirtschaftsgeschichte, der Soziologie und der Ideengeschichte fehlt. Diese Studenten sind nur fähig, ein einziges wirtschaftliches Modell anzuwenden und durchzudenken – das des Händlers des 18. und 19. Jahrhunderts, und sie wenden dieses Denken auf alles an (»If you only have a hammer, all problems look like nails.«) Die Wirtschaftsfakultäten sind daher zu Priesterseminaren des Finanzkapitalismus geworden und bilden nur noch uniformierte Prediger des gegenwärtigen, hyperkapitalistischen und hyperindividualistischen Modells heran. Gleichzeitig sind die Business-Schools die Offiziersschulen des Finanzkapitalismus und produzieren ebenso uniformierte Praktiker.[7]

[7] Max Otte, Oswald Spengler und der moderne Finanzkapitalismus, in: David Engels / Max Otte / Michael Thöndl (Hgg.), Der lange Schatten Oswald Spenglers – 100 Jahre Untergang des Abendlandes, Lüdinghausen/Berlin, 2018.

4. Wie soll es weitergehen?

Einige Reformstaaten haben begonnen, das gegenwärtige Modell des Finanzkapitalismus in Frage zu stellen, wenn es auch in Deutschland und Frankreich weiterhin offizielle Doktrin ist. In vielen Staaten wurde in diesem Sinne etwa die Privatisierung der Renten wieder rückgängig gemacht. Selbst in den Vereinigten Staaten gewinnen soziale Aspekte und Fragen wie etwa die nach der Regulierung von Oligopolen wie den großen technologischen Firmen zunehmende Bedeutung, und sogar die Verteidiger eines radikalen Sozialismus finden wieder verstärkt Gehör. Auch die gegenwärtige chinesische Variante des Kapitalismus bedroht das herrschende finanzkapitalistische Modell.

Die Mittelklasse leidet seit mehr als dreißig Jahren unter der Globalisierung. Eine neue Klasse von Superreichen ist entstanden, welche weitgehend jenseits aller nationalen Gesetze steht, wie zum Beispiel der Oxfam-Bericht »Working for the Few« vom Jahr 2014 eindrucksvoll belegt.[8]

Es ist Zeit für Kontinental- und Mitteleuropa, seine eigenen Traditionen wiederzuentdecken und ein wettbewerbsfähiges und zugleich soziales Modell für unsere Zukunft zu schaffen. Es ist höchste Zeit, erneut die Tradition von Nachhaltigkeit, Verantwortlichkeit und Solidarität hochzuhalten. Ein wirtschaftliches System, das auf diesen Werten beruht, kann gleichzeitig innovativ und hochproduktiv sein, wie die Vergangenheit bewiesen hat. Und es kann die europäischen Werte auch in die Zukunft projizieren.

---

[8] https://www.oxfam.org/en/research/working-few.

DIE EUROPÄISCHE FAMILIE ZWISCHEN AVANTGARDE UND TRADITION

Birgit Kelle

1. Von der Hypothese der Einigkeit

Wie kann man als europäische Einheit kooperieren, wenn man sich nicht einig ist? Und nein, in Sachen Familienpolitik und Gesellschaftsentwicklung sind sich die Mitgliedsstaaten der EU nicht einig. Trotz eines gemeinsamen Wertekanons, geprägt durch jüdisch-christliche und antike Tradition, befinden sich die einzelnen Mitgliedsstaaten mehr oder auch weniger progressiv in einem fortschreitenden Wandel ihrer Beziehungs- und Familienformen. Nicht umsonst haben die »Gründerväter« der EU, falls man das in genderbewegten Zeiten so überhaupt noch formulieren darf, das Feld der Familienpolitik aus dem Zuständigkeitsbereich der EU ausgeklammert und auf der Ebene der Nationalstaaten belassen. Es stellt in Fragen der kulturellen Einheit Europas einen extremen Spagat dar, wie der Zusammenhalt in gemeinsamen Werten, also eine Gesamt-Europäische-Werteunion, bei gleichzeitiger Bewahrung und Berücksichtigung individueller Werte und Vorstellungen in den einzelnen Nationalstaaten gewährleistet werden kann.

Menschen und ihr Zusammenleben lassen sich nicht in einheitlichen DIN-Normen messen und in allgemeingültige Regeln oder Wertevorstellungen pressen, die sich dann grenzübergreifend oder gar diskussionslos von einem Land auf andere übertragen ließen.

Dennoch hat sich die EU-Politik in Brüssel immer wieder mit familien- und frauenpolitischen Themen befaßt und versucht unter dem Deckmantel von Arbeitnehmerrechten oder auch unter dem Label der »Gleichstellungspolitik«, »Geschlechtergerechtigkeit« und »Antidiskriminierung« Einfluß auf nationale Zuständigkeiten zu nehmen. Im Blickfeld der EU-Gesellschaftspolitik lagen in den vergangenen Jahren entsprechend vor allem die Rechte diverser Minderheiten als auch deren Schutz innerhalb der EU-Gesellschaften. Besonders hervorzuheben ist hier der Fokus auf Frauenpolitik, Gleichstellungspolitik, die Durchsetzung von Gender Mainstreaming, von Minderheitenforderungen der LGBT-Lobbygruppen, die Legalisierung der sogenannten »Homoehe«, die Installation von Diversity-Konzepten in Politik und Wirtschaft oder auch der Kampf für Reproduktive Gesundheit im Sinne von Zugang zu legaler Abtreibung, die Forderung nach Frauenquoten in Wirtschaft und Politik als auch der Kampf gegen den Gender Pay Gap.

Ohne die Sicherstellung oder Bewahrung der Rechte diverser Minderheiten und Identitäten innerhalb der Europäischen Union in Frage stellen zu wollen, bleibt jedoch festzuhalten: Diese Themenkomplexe sind keine, die eine gesonderte europäische Haltung im Verhältnis oder Gegensatz zum Rest der Welt erfordern. Es sind zudem keine Themen, die exklusiv innerhalb der EU diskutiert werden. Tatsächlich handelt es sich um Diskussionen, die in allen westlich geprägten Staaten mehr oder weniger intensiv stattfinden. Was die Diskurse in all diesen Themen und auch in allen Ländern jedoch eint, ist die imperative Prämisse, es sei möglich oder gar erstrebenswert, in all diesen Themenkomplexen zu einer einheitlichen Haltung und Politik innerhalb der Europäischen Union zu gelangen. Allein das stellt eher eine gewagte These denn ein umsetzbares Unterfangen dar.

Ob es also nötig oder gar erstrebenswert sei – und somit eine dringende Aufgabe der Europäischen Union –, eine inhaltliche Homogenität im Themenkomplex der Gesellschafts-, Demographie- und Familienpolitik herzustellen, ist eine Frage, die es erst noch zu diskutieren gälte; stattdessen arbeitet die Brüsseler Bürokratie bereits an der Umsetzung.

Halten wir zunächst fest: Die EU versucht derzeit, gesellschaftspolitisch eine Homogenität an Meinungen und gesellschaftlichen Standards herzustellen, setzt dabei aber auf eine gemeinsame Zielvorstellung, die real nicht existent ist. Nimmt man alleine die Frage der sogenannten »Homoehe« oder der Legalisierung von »Abtreibung« als zwei Beispiele, wird schnell klar, eine uniforme, europäische Linie ist derzeit nicht zu erzielen, wird als Ziel aber unausgesprochen vorausgesetzt.

2. Gesellschaftswandel gefangen in der systemkonformen Differenz

Die Moderne kann eine massive Veränderung der Gesellschaftsstrukturen aller Mitgliedsstaaten verzeichnen, wobei sich die Verläufe ähneln, das Ausmaß, gerade im demographischen Wandel sich nur unterscheidet. In allen Mitgliedsstaaten der EU hat vor allem die veränderte Rolle der Frau die gesellschaftliche Veränderung katalysiert. Die Berufstätigkeit der Frau, die damit einhergehende zunehmende Kinderlosigkeit der Frauen, daraus resultierend der Zusammenbruch von Familienverbänden, einerseits im Zerbrechen von Großfamilienstrukturen aber auch im zunehmenden Zerbrechen von Kleinfamilien, haben ihre Spuren hinterlassen. Die eingespielte Balance der klassischen Rollenverteilung zwischen Mann und Frau ist aus dem Rhythmus geraten. Es haben sich neue Optionen für Frauen geöffnet und gefunden, die auch von vielen Frauen gerne genutzt werden. Weder die Gesellschaft, noch die Männer, geschweige denn die Kinder der aktuellen Generation – und in Wirklichkeit nicht einmal die Frauen – haben bereits eine neue Balance gefunden. Der Aufbruch alter Beziehungsstrukturen hat Freiheiten eröffnet, aber noch keine neuen Sicherheiten gebracht.

Im Ergebnis kommt »Vater Staat« in seiner Funktion als sozialem Netz eine zunehmend große Bedeutung zu. Wo Kleinfamilie, Großfamilie, Nachbarschaft und somit der gesellschaftliche Zusammenhalt auseinanderbrechen, muß der Sozialstaat an dieselbe Stelle treten. Die massive Ausweitung von staatlicher Fremdbetreuung bei Kleinkindern und bei alten Menschen ist erstes sichtbares Zeichen. Diese Entwicklung verhilft auch alten sozialistischen und kommunistischen Gedankenillusionen zu einer neuen, paradoxen Renaissance mitten im Wohlstandswesten. Der Nanny-Staat erfreut sich in Zeiten der Versingelung und Vereinsamung zunehmender Beliebtheit.

Die Moderne in der Familien- und Frauenpolitik wird dabei gerne und fälschlicherweise mit dem Wandel gleichstellt. Die irrige Annahme besteht im Denken: Je mehr Wandel, desto mehr Gleichberechtigung. Je mehr Aufbruch der Norm, umso moderner die Gesellschaft. Je größer die Liberalisierung der Gesetzgebung, umso erstrebenswerter der Zielpunkt, umso freier der Mensch, die Frau oder der

Angehörige einer Minderheit. Die schrankenlose Zukunft als letzte Utopie. Unausgesprochener Zielpunkt dieser Politik ist also die Umsetzung jeder maximalen Forderung jeder noch so kleinen Minderheit. Wandel wird ergo als positiver Fortschritt definiert. Festhalten an Tradition entsprechend als negativ gebrandmarkt. Als rückwärtsgewandt, veränderungsunwillig, altmodisch. Die Politik und die Medien sind beherrscht von einem Denken, das dem Wandel um des Wandels Willen huldigt.

»Bunt«, »Vielfalt/Diversity« sind das neue »modern«. Der Aufbruch bekannter und etablierter Strukturen (Familie), Rollenbilder (Geschlechter), Normen, Systeme und Normalitäten wird per se als erstrebenswert definiert. Und so darf sich jede absurde Wohngemeinschaft neuerdings als Familie bezeichnen, während die biologische Abstammung des Menschen nicht mehr zwingend als indiskutable, faktische Verwandtschaft gewertet wird. Es zählt multinational und multikulturell statt traditionell. Neu statt alt. Aufbrechen statt Bewahren. Das verbale Framing hat über die Jahre aufgerüstet und diese Denkweise flankiert. So wird die traditionelle Familie medial-verbal zum »Auslaufmodell« erklärt, obwohl alle europäischen Gesellschaften in absoluter Mehrheit unverändert in traditionellen Vater-Mutter-Kind Strukturen leben. Selbst der Begriff »Old Europe« gilt als abfällige Wertung, und nicht als traditionsreiches Bollwerk gegen die Zumutungen ideologiebesetzter Forderungen nach Wandel.

Das Bestreben nach totaler Liberalisierung, Vervielfältigung und Gleichberechtigung von Lebensentwürfen steht dabei in krassem Widerspruch zu den nahezu totalitären Methoden, mit denen die angebliche Befreiung des Europäers aus seinen bekannten Lebens- und Denk-

Strukturen hergestellt werden soll. Die Katalysatoren des Wandels sind zum Erreichen ihres Zieles in der Wahl der politischen Mittel wenig zaudernd: Die Reglementierung der Sprache und des Denkens durch Sprechverbote und Gender-Sprache zieht sich wie ein roter Faden durch verschiedene EU-Länder. Universitäten, früher Orte des freien Denkens und experimenteller Wissenschaft, geraten zunehmend in den Klammergriff linker und feministischer Gruppen, die sich lieber in intellektuelle »Safe-Spaces« zurückziehen, statt sich mit anderen Meinungen als ihrer eigenen auseinanderzusetzen. Lehrbücher, die nicht den feministischen oder antirassistischen Ansprüchen dieser Gruppen genügen, werden gemieden oder gleich bekämpft. Gleiches geschieht mit dem dazugehörigen Lehrpersonal. Was früher eine zweite Meinung im Diskurs darstellte, wird heute als Hate-Speech gebrandmarkt. Unliebsame Fakten und Statistiken, die nicht ins eigene Weltbild passen, werden als Fake News diffamiert. Die Geschlechter-Gleichstellungs-Ambitionen werden nicht mehr durch Überzeugungskraft, sondern mit Hilfe von Zwang durch gesetzliche Quoten durchgesetzt. »*Die Diversität läßt nur systemkonforme Differenzen zu. Sie stellt die konsumierbar gemachte Andersheit dar.*«, formuliert der deutsch-koreanische Philosoph Byung-Chul Han den schmalen Gedankenkorridor des modernen Menschen in seinem Buch »*Die Austreibung des Anderen*«. Wir erlauben also einen ausgiebigen Diskurs innerhalb eines eng begrenzten, inhaltlichen Raumes. Das gaukelt den Bürgern eine Debatte vor, verbannt in Wahrheit aber jeden kritischen Einwand in den Bereich des Unsagbaren.

Entsprechend handelt es sich bei all dem nicht um einen normalen, unumgänglichen oder gar natürlichen Wandel, wie ihn Gesellschaften im Laufe der Jahrhunderte nun mal durchleben, sondern um die gezielte Durchsetzung von Veränderungspolitik.

Die jüdisch-christlichen Wurzeln Europas, das Festhalten am und die Tradition des Christentums haben sich in der Geschichte des europäischen Abendlandes als beständige Konstanten erwiesen. Die Früchte dieser Entwicklung sowieso. Rechtssysteme, Verfassungen, Aufklärung, Trennung von Staat und Kirche, der Sozialstaatsgedanke, aber auch die Idee von universellen, individuellen Menschenrechten sind ein Erbe und eine Tradition innerhalb des EU-Raumes und können als Konstanten und auch als verbindendes Element nicht weggedacht werden. Selbst jene, die heute nicht mehr im religiösen Sinne in diesem Glauben vereint sind und auch jene, die einem anderen, als dem jüdischen oder christlichen Glauben anhängen, profitieren von diesem Erbe und verteidigen seine Früchte.

3. Reform zwischen Subsidiarität und Wettbewerb

Ohne die Klärung der Frage, welche europäischen Ziele man in der Frage der Demographie, der Familienpolitik oder auch der Rollenvorstellungen zwischen den Geschlechtern anstrebt, ist eine Neuorientierung nicht möglich.

Erste Aufgabe wäre also auf europäischer Ebene eine Klärung, wo es einheitliche Meinungen und Zielvorstellungen der Gesellschaftspolitik gibt und wie man sie faktisch umsetzen kann. Die Frage der demographischen aber auch kulturellen Struktur der Bevölkerung Europas erscheint hier als zentraler Punkt vor allem auch in der Auseinandersetzung mit jüngeren und dynamischeren Kulturkreisen in Asien, Afrika und dem Nahen Osten.

Es ist nicht nur sinnvoll, sondern möglicherweise existenziell, daß Europa wieder in die Lage versetzt wird, seine Bevölkerungsstruktur in allen Mitgliedsstaaten aus eigener Kraft jung und dynamisch zu erhalten, ohne auf Zuwanderung angewiesen zu sein. Dies schließt eine gleichzeitige Zuwanderungspolitik nach Europa nicht aus, nimmt jedoch den Druck, sowohl aus dem Arbeitsmarkt, als auch aus den Sozialversicherungssystemen.

In manchen Feldern der Kulturpolitik wird es in absehbarer Zeit keine inhaltliche Einigung geben, da sich die einzelnen Mitgliedsstaaten teilweise nahezu diametral gegenüberstehen. Dies betrifft vor allem Fragen des Familienrechtes, die Anti-Diskriminierungsgesetzgebungen, aber vor allem auch angesichts des medizinischen Fortschrittes die bioethischen Themen. Es müßten tiefe Gräben überwunden werden, um die Abtreibungsgesetzgebung in Polen und den Niederlanden in Einklang zu bringen. Die Reproduktionsmedizin und der faktische Menschenhandel mit Neugeborenen durch Legalisierung von Leihmutterschaft sind weitere Abgründe, die sich derzeit zwischen diversen Mitgliedsstaaten auftun, um nur einige Themen beim Namen zu nennen. All dies gehörte sowieso niemals originär zum Zuständigkeitsbereich der Europäischen Union und muß endlich klar von den Brüsseler Machbarkeits-Phantasien abgekoppelt werden. Das Subsidiaritätsprinzip muß wieder in Erinnerung gebracht werden, was nicht nur Spannungen aus manchen Diskussionen nehmen würde, sondern auch wieder mehr Energie und Freiraum für die Konzentration auf Wesentliches schaffen kann.

In diesem Sinne sollte sich die Europäische Union von der Idee internationaler Standards im gesellschaftspolitischen Bereich verabschieden. Konkret sind die flächendeckende Legalisierung beispielsweise von Abtreibung, Homoehe, Leihmutterschaft oder auch Euthanasie als Ziel europäischer Gemeinschaftsstandards abzulehnen. Zumal die Zielrichtung derzeit nur in einem Vorwärts, nicht in einem Rückwärts gedacht wird, eine Vereinheitlichung also niemals durch eine Rückbesinnung, sondern immer nur durch progressive Veränderung erreicht werden kann. Die Souveränität der EU-Mitgliedsstaaten ermöglicht die Legalisierung all dieser Dinge auf Nationalstaatsebene, und es gibt zu Recht kein Instrument, andere, fremde Staaten zu zwingen, die Uhr auf ihrem eigenen Hoheitsgebiet zurückzudrehen. Dieses souveräne Hoheitsrecht steht allerdings auch jenen Ländern zu, die ihren gesellschaftlichen Wandel nicht vom Tempo fremder Gesellschaften abhängig machen wollen. Europapolitik ist kein Wettlauf um den Zeitgeist. Zunehmend wird die Institution des Europäischen Gerichtshofes für Menschenrechte mißbraucht, um weniger progressive EU-Staaten zu zwingen, in der Moderne mitzugaloppieren. Doch wenn die Gründer der Europäischen Union sich einig darüber waren, daß selbst demokratische Abstimmungen eines europäischen Parlamentes nicht über nationale Zuständigkeiten entscheiden können sollen, wieso sollte ein nahezu willkürlich besetzter Europäischer Gerichtshof dies entscheiden dürfen? Die Kompetenzüberschreitungen der europäischen Judikativen müssen ebenfalls einer Überprüfung unterzogen werden.

Der Weg zu einer einheitlichen Gesellschaftspolitik der EU kann auch angesichts offener Grenzen nur über einen kulturellen Wettbewerb zwischen den Ländern stattfinden, statt über die zwanghafte Vereinheitlichung der Standards. Die Subsidiarität muß wieder neu gedacht werden. Die

Frage ist also nicht, was die Nationalstaatsregierungen und die Europäische Union regeln können. Stattdessen muß gefragt werden: Was soll der Staat lassen, was soll die EU lassen, damit es funktioniert?

Auffallend ist in allen europäischen Ländern die derzeitige Obsession politischer Kräfte, ausgerechnet die Geschlechterrollen und das Sexualleben der Bürger in neue Denk- und Handlungsschablonen zu pressen, als gäbe es keine wichtigeren Themen als die nächste sexuelle Befreiung. »It´s all about sex.« Das war vor 50 Jahren bereits einmal der Fall, jetzt kommt es mit neuer Rhetorik, aber altem Gedankengut noch einmal zurück. Die Schnittstelle zwischen Sexualität und Kultur wird dabei nicht nur in der EU, sondern in allen westlich geprägten Ländern gerade neu verhandelt. Das, was irgendwann als die zweite sexuelle Revolution in den Geschichtsbüchern vermerkt werden wird, arbeitet in Wahrheit an einer Verschiebung dessen, was als Kultivierungsgeschichte der menschlichen Sexualität eine gewisse Stabilität in die zwischenmenschlichen Beziehungen und die daraus resultierenden Familien- und Gesellschaftssysteme gebracht hat. Die neue Entgrenzung von Rollenvorstellungen und weitergehend auch von Sexualitätsvorstellungen und mit ihr das Aufbrechen dessen, was dabei als »stereotype Rollenbilder« benannt wird, bringt ein System ins Wanken, dessen Stabilität durch den Fortbestand von Grenzen und Tabus sowie der Eingrenzung von Möglichkeiten bestimmt war. Betrachtet man die Energie, mit der in westlichen Zivilisationen gerade daran gearbeitet wird, alle bisherigen weiblichen und männlichen Rollenvorstellungen zugunsten der Vereinheitlichung der Geschlechter aufzubrechen, ist es nahezu erstaunlich, daß sich gleichzeitig so wenige Menschen über das mögliche gesellschaftliche Ergebnis dieses tiefgreifenden Prozesses Gedanken machen. Dabei hat es umwälzende Auswirkungen nicht nur auf den Fortbestand der Kleinfamilie als bisher kleinster und stabilster Einheit der Gesellschaft, sondern in der Folge auch auf den Fortbestand ganzer Gesellschaften. Wer Sexualität von Beziehung, Beziehung von Verwandtschaft und Verwandtschaft von Abstammung entkoppelt, ist nicht modern, sondern waghalsig.

Die De-Kultivierung von Sexualität wird dennoch verbal als Befreiung gehandelt, entspricht aber einer Entfesselung mit unbestimmtem Ausgang. Die sogenannte Befreiung ist in diesem Kontext nicht mehr als ein prophetisches Heilsversprechen, das ähnlich der Religion eher im Glauben, denn im empirischen Wissen angesiedelt ist. Es darf nicht als Zufall gewertet werden, daß in allen europäischen Ländern das politische Bestreben zu beobachten ist, neue Rollenvorstellungen von Sexualität, aber auch vom Zusammenleben der Menschen nicht mehr im Bereich von Ethik, Moral und Wertvorstellungen anzusiedeln, sondern neuerdings als Element von Wissen und Bildung in Lehrplänen und somit in den Köpfen von Kindern zu verankern. Die Intention geht so weit, dieses »Wissen« als neue, alleinige Wahrheit bei der nächsten Generation zu verankern, auch wenn es möglicherweise (noch) im Widerspruch zu den Wertvorstellungen der Elterngeneration steht. Man könnte es pervers nennen, folgte es nicht einer nüchternen Strategie. Auch hier fällt die nahezu totalitäre Methode auf, mit der Staaten und kleine Eliten sich anmaßen, richtig und falsch, Norm und Ausnahme zu definieren. Und auch hier fällt die erbarmungslose und ausgrenzende Natur des Diskurses auf. Abweichende Meinungen in der Gender-

Frage werden als demokratiefeindlich, rechts, homophob, transphob usw. gebrandmarkt, um einen echten demokratischen Diskurs zu verhindern.

Am Beispiel der Definition von Familie wird der politisch forcierte Wandel besonders sichtbar.

In der traditionellen Definition verstand sich Familie schon immer als ein vorstaatliches Gebilde, das nicht erst durch Verfassungen definiert, sondern von Gesetzen allerhöchstens bestätigt und mit besonderen Schutzrechten ausgestattet wurde. Als Familie gilt hier die natürliche Familie, verbunden durch biologische Abstammung über Generationen hinweg. Papst Benedikt XVI. sprach bei seiner Rede im Deutschen Bundestag von der »Ökologie des Menschen«, man könnte die »Ökologie der Familie« analog benennen. Sie ist nicht eine Konstruktion, sondern ein Sein.

Dem gegenüber steht neuerdings die Familien-Definition der Moderne: Familie als reine Konstruktion, analog den Geschlechterdiskursen. In diesem Sinne ist es zwar falsch, aber dennoch in sich logisch: Wer sich bei der Definition von Geschlecht gedanklich über biologische Fakten hinwegsetzt, hat bei Verwandtschaftsdefinitionen ebenso wenig Skrupel, die Realität zugunsten von Wunschvorstellungen auszublenden. Finales Ziel ist vermutlich die Ein-Mensch-Familie, die politisch um Akzeptanz kämpfen wird. Aus der Forderung nach »Ehe für Alle« war es nur ein kleiner Schritt hin zu »Kinder für Alle«. In Deutschland wird gerade eine Veränderung des Abstammungsrechtes diskutiert, die einen historischen Paradigmenwechsel einläuten würde, falls sie so umgesetzt wird. Erstmalig wäre danach eine selbst gewählte Wahlverwandtschaft der biologischen Abstammung rechtlich vorrangig. Fortpflanzung wird mit Hilfe der Reproduktionsmedizin durch Leihmutterschaft,

Eizellspenden, Samenspenden und künstlichen Befruchtungen von der Natur entfremdet und somit von der biologischen Verwandtschaft abgekoppelt.

Der Slogan der »Reproduktiven Gesundheit« hatte noch nie viel mit Gesundheit zu tun, sondern eher mit der Verbreitung von Abtreibung als angeblichem Frauenrecht. Inzwischen ist es längst der Wegbereiter eines Todes- und Optimierungskultes. Lebensberechtigung gilt nur noch für erwünschte und gesunde Kinder. Die neu aufkommende Euthanasiebewegung in Europa verhilft wiederum zuverlässig zur gesellschaftlichen Selbst-Entledigung von anstrengenden, unproduktiven und kostenintensiven alten Menschen. Der Utilitarismus-Gedanke greift bis hin in die Familienstrukturen und die Lebensverläufe. Kranke, Unperfekte, Behinderte, zeitlich nicht passende Menschen stören in dieser Welt. Wer nicht produktiv ist, gilt als unnütz und belastend. Und während Blut bekanntlich dicker ist als Wasser, man als Person also seiner Verantwortung und Bindung in biologischen Abstammungsverhältnissen nicht entrinnt, kann Wahlverwandtschaft praktisch jederzeit beendet werden, wenn sie nicht mehr nutzt, oder sich emotional abnutzt. Kinder werden in Obhut gegeben, wenn sie der Selbstoptimierung im Weg stehen. Alte und Kranke auch. Gut, wenn sie ihr sozialverträgliches Frühableben selbst einsehen und sich freiwillig der Euthanasie zuwenden. »Last Exit« Schweiz.

4. Die Mehrheit im Fokus

Festzuhalten bleibt: Im Ergebnis nutzt die Politik der Anerkennung neuer Familienformen nicht der Allgemeinheit, sondern nur den jeweiligen Minderheiten, die nach Familienstatus streben. Demographisch betrachtet ist diese Politik nahezu desaströs, weil sie die natürliche Fortpflanzung nicht fördert, sondern als zweitrangig definiert. In einer Art fatalem Kreislauf verhindert der Fokus auf Minderheiten die Konzentration der Politik auf die stabile Mehrheit der natürlichen Familien. Diese werden erst zur Kenntnis genommen, wenn sie sich in den Bereich der Minderheiten begeben, sprich, wenn sie auseinanderbrechen und zu den Gruppen der Alleinerziehenden oder der Patchworkfamilien gehören. In Ländern wie Deutschland fehlt ausgerechnet dort, wo der Staat einen gesunden Utilitarismus aus Selbsterhaltungstrieb an den Tag legen sollte, eine sinnvolle Politik im Sinne der demographischen Stabilität.

Andere europäische Länder wie Frankreich oder auch Polen, aber auch die skandinavischen Länder haben jeweils unterschiedliche, aber doch wenigstens deutlich erkennbare Strategien der Bevölkerungspolitik. Auch hier zeigt sich erneut, wie vermessen der Versuch wäre, einheitliche Wege in einer europäischen Demographie-Politik zu beschreiten. Größte Schwierigkeit bereitet schon die Festlegung eines einheitlichen Zieles: Bewahrung und Kultivierung der eigenen Bevölkerung oder Lösung der demographischen Krise durch Zuwanderung? Während sich Länder wie Frankreich sehr bewußt um ihre Geburtenrate kümmern, ist in Deutschland nahezu eine Verweigerung einer demographischen Steuerung der eigenen Bevölkerung aus historischer Verklemmtheit heraus zu erkennen, weil jedem, der öffentlich zu einer höheren Geburtenrate einheimischer Frauen rät, ein Rassismusvorwurf oder wenigstens eine Mutterkreuzdebatte droht. Auch auf diesem Feld ist keine europäische inhaltliche Gesamtlinie erkennbar. Ein Wettbewerb der Ideen und Kulturen statt einer DIN Norm kann auch hier nur die Lösung sein.

Grundidee einer gemeinsamen Strategie könnte allerhöchstens die Belohnung von Kinderreichtum statt Bestrafung desselben sein. In der Umsetzung bliebe jedes Land in der Wahl der Mittel frei; der Wettbewerb der steuerlichen, strukturellen und finanziellen Möglichkeiten und Instrumente zeigt jetzt schon, welche Länder als best-practice-Beispiele taugen und welche nicht. Von hinten her aufgerollt, also von der staatlichen Rentenkasse aus gedacht, gilt: Gesellschaften, in denen die Investition in das Humankapital des eigenen Landes abgestraft wird, werden nicht wachsen. In der Demographie sehen wir die Ergebnisse der veränderten Rollenerwartungen an Frauen am deutlichsten. Die Erwartungshaltung der flächendeckenden Berufstätigkeit von Frauen (was auf europäischer Ebene massiv eingefordert wird) als emanzipatorisches Glücksversprechen zollt seinen Preis bei der Fortpflanzungsbereitschaft und auch bei ihrer biologischen Umsetzbarkeit durch die Frau. Im »Wording« des feministischen Diskurses formuliert: Die Reproduktions-Arbeit und die Care-Arbeit, die von Frauen in der Regel ohne finanziellen Ausgleich durch die Gesellschaft geleistet wird, kann nicht gänzlich auf die unterschiedlichen Geschlechter paritätisch oder gar durch Quotierungen aufgeteilt werden. Die Honorierung von Reproduktionsarbeit – wobei die konkrete Ausgestaltung diskutabel ist – erscheint unerläßlich, wenn man einerseits die Sorge um Kinder, Alte und Kranke gewährleisten, die Gleichberechtigung von Mann und Frau aber auch durchsetzen und drittens die demographische Entwicklung stabilisieren will. Männer werden sich am Reproduktionsprozeß nur dann mit mehr als der Zeugung beteiligen, wenn es für sie keine finanzielle Einbuße im Vergleich zum Istzustand bedeutet. Frauen hingegen werden die Reproduktionsarbeit niemals paritätisch aufteilen können, denn im Kreißsaal existiert keine Geschlechterquote. Demographie-Politik kann entsprechend nur mit der Natur des Menschen nachhaltig gestaltet werden und nicht durch die fiktive Dekonstruktion von Geschlecht und Sexualität, die an der Lebenswirklichkeit der überwältigenden Mehrheit der Bevölkerung völlig vorbei denkt.

Wer gesellschaftlichen Zusammenhang in einem europäischen Raum sicherstellen will, kann dabei den faktischen Wandel in manchen Ländern weder aufhalten, noch ignorieren. Es braucht liberales Denken, um konservatives Denken zu stützen. Allerdings gilt es auch für Konservative, selbstbewußt die eigene Position als Teil dieser liberalen Vielfalt und nicht außerhalb derselben zu verorten. Auch in der Vielfalt gibt es Mehrheiten. Dafür muß aber das Denkschema, das dem Diskurs auferlegt wurde, durchbrochen sein, wonach sich bunte linke Vielfaltbefürworter den traditionsbewußten Konservativen im Diskurs gegenüber aufstellen. Demokratische europäische Politik braucht die Hinwendung zurück zu einer Politik für die gesellschaftlichen Mehrheiten in den einzelnen Nationalstaaten.

Die Stabilisierung einer Europäischen Union ist möglicherweise nur durch ein Weniger an europäischer Politik zu bewerkstelligen. Liberales Denken muß wieder im Sinne von Freiheit und Gerechtigkeit radikal durchdacht werden. Freiheit definiert sich dabei als Abwehrrecht des Bürgers gegen den Staat. Wir müssen im Wandel immer wieder neu durchdenken, welchen Spielraum der Bürger braucht, um frei nach seiner eigenen Vorstellung zu leben. Welchen Spielraum, zwischen sich und dem Staat, zwischen sich und anderen Staaten, und auch zwischen sich und der EU.

Auch Gerechtigkeit muß in demokratischen Gesellschaften von der Mehrheit und nicht von der Minderheit her gedacht werden, wenn sie nicht in einer Diktatur der Minderheiten enden will. Gerechtigkeit in der Gesellschaftspolitik besteht nicht in der Berücksichtigung jeder Befindlichkeit einer noch so kleinen Minderheit, sondern indem Gleiches gleich, Ungleiches aber auch ungleich behandelt werden darf und muß. Geschlechtergerechtigkeit und Antidiskriminierungspolitik haben ihren festen Platz in freien Gesellschaften, die Rahmenbedingungen müssen aber die Mehrheitsverhältnisse achten, statt sie zu ignorieren. Was in der Verzwecklichung des Menschenlebens im utilitaristischen Denken der Moderne übertrieben wird, fehlt in den Überlegungen zum Selbsterhaltungstrieb von Gesellschaften. Was und wer nutzt, im Sinne von stützt unsere Gesellschaft? Welche Mehrheiten braucht es, damit auch die Minderheiten mitgetragen werden können? Die Unterstützung der traditionellen Kleinfamilie muß gar nicht neu begründet werden, sie muß nur wieder in ihrem Wert in Erinnerung gerufen sein. Nicht als Bewahrung des Alten, sondern zur Bewahrung des Neuen. Denn auch die Moderne wird keinen Bestand haben, wenn wir ihre demographischen und finanziellen Grundpfeiler zerschlagen.

EIN ÄSTHETISCHER PATRIOTISMUS
FÜR EUROPA

Jonathan Price

1. Einleitung

Wenn das 20. Jahrhundert nicht das schlimmste in der Menschheitsgeschichte gewesen ist, so kann es doch ganz sicher als das häßlichste betrachtet werden; von den Stahlbeton-Landschaften des Brutalismus hin zur Normalisierung sexueller Folter in der Pornographie – ganz zu schweigen von der Zahl der Gefallenen zweier Weltkriege... Während eines Großteils des »langen 20. Jahrhunderts« ist Europa, zusammen mit einigen seiner ehemaligen Kolonien, zum Ausgangspunkt einer neuen Weltordnung geworden. In dieser Zeit wurde der Kontinent, der der Welt so viele Wunder der Kunst gegeben hat, zu einer Quelle tiefer Häßlichkeit: Sei es aufgrund des Wunsches, den »Weltfrieden« selbst um den Preis eines »war to end all wars« zu erringen; sei es durch die Einführung von Massenvernichtungsmitteln in der Kriegführung; oder sei es durch die Verbreitung jenes internationalen Kommunismus, der zunächst im Geist eines Deutschen entstand, welcher vor langer Zeit über den Büchern der »British Library« fröstelte, bevor er zu einer Realität wurde, welche die halbe Erdbevölkerung um ihr Leben brachte oder dieses doch signifikant verringerte.

Ferner wäre da die gewaltige Häßlichkeit unserer modernen Technologie zu nennen, welche trotzdem kaum die übersteigerten Hoffnungen vermindert hat, die wir in sie setzen, denn wir erinnern uns oft an die Todeslager und die Schützengräben, aber vergessen allzu gerne die industrielle Dimension jener Scheußlichkeiten, welche diesen voranging und sie finanzierte. Die Schrecken der Jahrhundertmitte waren eine logische Unausweichlichkeit, welche wir hätten kommen sehen müssen, nachdem sich die Schützengräben Flanderns mit den Leichnamen von jungen Männern gefüllt hatten, die in einer technologischen Parodie auf einen ehrenhaften und patriotischen Tod von Maschinengewehrfeuer niedergemäht worden waren. Seitdem werden Europäer die Worte »*dulce et decorum est pro patria mori*« niemals mehr ohne Ironie oder Verachtung aussprechen können, wie bereits Wilfred Owen klarmachte, als er Horaz' Ode III.2.13 parodierte.

All dies ist mittlerweile sehr weit von uns entfernt, wie wir gerne glauben, und es wäre in der Tat ungerecht, uns Heutige mit jenen Verbrechen zu konfrontieren. (Doch was ist mit den Amerikanern? – ließe sich zu Recht fragen…) Zudem müssen wir eingestehen, daß wir heute Lebenden zwar meistens unschuldig an Verbrechen wie etwa einem grausamen Völkermord sind, wir uns aber kaum wirklich freisprechen können, wenn es um die technologisierte Entheiligung der natürlichen und kulturellen Schönheit geht. Es existiert wohl kaum ein häßlicherer Anblick als jene Insel aus Plastikmüll von der Größe des Bundesstaats Texas, die irgendwo im Pazifischen Ozean zwischen Hawaii und California dümpelt: Der »Great Pacific Garbage Patch«, wie man sie liebevoll nennt. Wir brauchen wohl nicht die hieraus resultierenden langfristigen Umweltschäden zu erwähnen, von denen die meisten von den Naturwissenschaftlern noch nicht einmal völlig verstanden werden. Und selbst wenn dieses Phänomen nur neutrale Auswirkungen hätte, bliebe jenes zivilisatorische Strandgut doch ein eindringliches materielles Zeugnis für den Preis unserer Bequemlichkeit, unserer Gesundheit, unserer Sicherheit – und unserer Naivität. Man könnte jene Insel sogar als eine Art kollektiv hervorgebrachte, moderne künstlerische »Installation« auf See betrachten: Wie die meisten Dinge, welche im Kunstjargon »Installationen« genannt werden, ist sie eine Form von Anti-Schönheit und dementsprechend grundlegend destruktiv gegenüber jeglichem Gefühl, das die Liebe zur Schönheit hervorrufen kann.

Wir könnten noch viele weitere Beispiele von Häßlichkeit in Umwelt, Kultur, Architektur, Kunst und Wissenschaft anführen, doch soll es uns in der Folge eher darum gehen, was jene Häßlichkeit tatsächlich *bedeutet*, als um die Tatsache, daß wir von so viel Häßlichkeit umgeben werden. Hierauf wollen wir dann die Frage beantworten, wie es möglich sein könnte, jene Häßlichkeit mitsamt den hieraus entstehenden Schäden durch bewußte Abwendung von jenem Phänomen zumindest teilweise zu beseitigen. Freilich: Sollte der Leser weder die Gegenwart jener Häßlichkeit spüren, noch sich von ihr abgestoßen fühlen, läßt sich mit bloßen Worten nur wenig bei ihm erreichen. Es ist also eher für jene, welche sie wahrnehmen und sich von ihr erschüttert fühlen, daß wir hier schreiben…

2. Die Funktion der Häßlichkeit

Der schlimmste Schaden, der durch ein zunehmend häßliches Europa angerichtet wird, ist die Tatsache, daß es selbst von den Europäern als immer weniger lebens- und liebenswert empfunden wird, so daß es auch immer weniger wahrscheinlich wird, daß Europa als internationales politisches Projekt ebenso wie zahlreiche einzelne europäische Nationen überhaupt langfristig überleben werden – ganz von jenen Gesellschaften abgesehen, welche Teil beider politischen Kategorien sind. Nur wenige werden bereit sein, zu kämpfen und sich zu opfern für etwas, daß nur noch schrecklich, widerwärtig, grotesk, scheußlich, abstoßend, unziemlich, unförmig oder selbst »funktionell« ist, während viele ihr Leben hingeben würden für etwas, das sie als schön wahrnehmen. Eine patriotische europäische Bürgerschaft braucht liebenswerte Dinge, um sie lieben zu können. Früher gab Europa seinen Bewohner solche Dinge. In zunehmendem Maße ist es aber nicht nur so, daß Europa solche Dinge nicht mehr produziert, sondern auch, daß es jene ästhetischen Objekte zerstört, welche uns von unseren Vorfahren überlassen worden sind.

Was sagt uns die Produktion einer so großen Häßlichkeit über unsere kollektive Intention? Wir wollen gar nicht erst wissen, was sie über unsere Begierden, unsere Wünsche, unsere »Geschichte« usw. aussagen, sondern nur über unseren Charakter, so wie wir ihn an unseren täglichen Handlungen und Produktionen ablesen können – Handlungen, die wir als Europa, als Nationen, als Familien, als Unternehmen oder als Individuen begehen. Da wir und unsere Gesellschaften nun dergestalt geprägt worden sind (und uns selbst weiter in dieser Hinsicht prägen), laufend solche Anti-Schönheit hervorzubringen, müssen wir modernen Europäer uns ernsthaft fragen, ob wir uns bereits jenseits aller Hoffnung auf das Schöne befinden. Oder bestehen doch noch Mittel und Wege, um wenigstens teilweise eine Rückkehr zu jenen Traditionen und ästhetischen Werten zu vollziehen, welche unsere Vorfahren einst anstrebten? Ist es möglich, einmal mehr wieder nach Schönheit zu streben? Und wenn ja, was sind die materiellen und praktischen Bedingungen, welche eine solche Intention unterstützen könnten?

Im folgenden werden wir das Wort »Intention« in einem Sinn verwenden, welcher sowohl vom allgemeinen als auch vom üblichen philosophischen Sprachgebrauch differiert. Wir stützen uns dabei teilweise auf die große englische Philosophin Elizabeth Anscombe, für die die »Intention« die Antwort auf eine gewisse Form der Frage »Wieso?« gibt. Denn sobald einmal die physikalischen, historischen und sonstigen Erklärungen einer Handlung, einer Entscheidung oder eines Schaffensprozesses erschöpft sind und trotzdem etwas unerklärt bleibt, was als Grund betrachtet werden könnte, ist es dies, was wir als »Intention« betrachten sollten.

In unserer Verwendung des Begriffs bedeutet »Intention« nicht immer eine bewußte, individuelle Entscheidung; sie kann auch auf Entscheidungen, Schöpfungen oder Schaffensprozesse von Gruppen bezogen werden (wenigstens solcher Gruppen, die eine zusammengesetzte persönliche Identität besitzen). Auch eine Nation, eine Kirche, ein Unternehmen oder eine andere Form von Gemeinschaft kann eine »Intention« verfolgen, aber ein Saal, welcher voll von einander fremden Menschen ist, nicht. Die Erforschung einer Intention kann als eine Form der Analyse überaus nützlich sein, um den Charakter des jeweiligen Subjekts zu bestimmen, und zwar nicht nur von Individuen, sondern auch von Gruppen und Nationen bis hin zu ganzen Zivilisationen.

Selbst unbelebte Objekte können auf ihre Intentionen hin untersucht werden. Einige zeigen nämlich tatsächlich Zeichen von Intentionen, welche wiederum auf die

Intention der Personen hinweisen, welche offensichtlich eher dieses als jenes mit diesen Objekten intendiert haben. In dieser Hinsicht verrät die Intention nicht nur den effizienten Grund, sondern ganz besonders auch den formalen und den finalen Grund im aristotelischen Sinne. Wieso wurden Gargoyle an Kathedralen angebracht? Nachdem alle anderen Erklärungen ausgeschieden sind – so wie etwa die Vermutung, daß der Wind sie geformt habe, oder sie heimlich nachts von wirklichen Gargoylen angebracht wurden, welche sie nach dem Vorbild ihrer Heroen geschaffen haben –, bleibt als einziger Grund nur noch übrig, daß sie in dieser Form von jemandem oder einer ganzen Gemeinschaft von Personen intendiert worden sind. Aber zu welchem Zweck? Da sie keine bekannte zweckdienliche Funktion ausüben, kann nur noch angenommen werden, daß sie die Kirche schmücken sollten, vielleicht in Hinblick auf ihre Schönheit. Aber wer konnte diese Schönheit wahrnehmen? Eine ganze Kultur, welche sich in einer einzigen Stadt während einer Bauzeit von meist über einem Jahrhundert verkörperte. Somit erklärt der ästhetische Wert, wieso jene besonderen architektonischen Elemente ausgewählt wurden, und zwar von Menschen, welche sie als solche intendierten.

Der ästhetische Wert, welcher das zweite wichtige Konzept dieses Aufsatzes darstellt, nimmt Schönheit ernst. Ästhetik umfaßt neben vielen anderen Elementen die Begriffe Nutzen, Proportion, Maß, Menschlichkeit. Im folgenden werden wir meist über Architektur und die sonstige gebaute Umwelt sprechen, aber unsere Ausführungen können, *mutatis mutandis*, auch auf andere Künste angewandt werden, so wie Kleidung, Musik und viele andere. Einen ästhetischen Wert ernst nehmen, bedeutet, Intention ernst nehmen und lernen, jene Dinge, die wir begehren, zu intendieren, beziehungsweise jene Dinge zu begehren, die wir intendieren – wobei der letzte Fall ein typisch modernes Problem ist. Bedenkt man etwa den Wohnungsbau, welcher die wohl am stärksten regulierte Bauaktivität ist, so finden wir Regeln für alles: Von der Frage, wann und wo Häuser gebaut werden können, über die Mindestgröße einzelner Räume bis hin zu den adäquaten Baumaterialien usw. Doch ist so vieles von dem, was geschaffen wird, häßlich oder doch zumindest bar jeden ästhetischen Werts (anders ausgedrückt: es ist nicht schön). Da aber nun weder die Materialien, noch die Bauvorschriften selber jene Häßlichkeit erklären, können wir nur noch annehmen, daß wir jene Häßlichkeit irgendwie *intendieren*, selbst wenn wir nach außen hin beteuern, daß wir jene Gebäude abstoßend finden, daß wir sie eigentlich anders bauen wollten (oder umbauen werden), daß »moderne Architektur« eigentlich gräßlich sei, usw.: Der tatsächliche Charakter unserer Gebäude (der Inhalt unserer Regulierungen einbegriffen) widerlegt schlagend unsere Beteuerungen. Wie aber können wir unsere Intention ändern? Dies werden wir weiter unten behandeln, im Abschluß unseres Aufsatzes.

Für den Augenblick sei nur gesagt, daß die Intention des Schönen eine Frage der Charakterbildung ist, ganz analog zu sittlichen Tugenden wie etwa der Intention, gut zu sein. Dabei ist es in vielerlei Hinsicht schwerer, Schönheit zu intendieren als das Gute: denn Schönheit ist noch flüchtiger als das Gute, und vielleicht auch seltener. Dabei sind beide ohnehin nicht vollständig voneinander zu trennen, denn Schönheit hat einen moralischen Charakter und ist mit dem Guten untrennbar verbunden, oder, um Martin Amis und eine seiner Aussagen zum literarischen Stil zu zitieren:

»*Style is not neutral, it gives moral directions*«. Für unseren Zweck leicht umformuliert, könnte der Ausspruch auch lauten: »Schönheit ist nicht neutral, sie gibt eine moralische Richtung«. Dementsprechend kann Schönheit auch als ein durchaus angemessenes Ziel in sich selbst gelten, ebensosehr wie das Gute.

Aber mit Schönheit ist auch die Nützlichkeit verbunden. Man erinnere sich daran, daß Schönheit auch die Gesundheit und das Wohlbefinden beeinflußt. Dies sieht man etwa an den Reaktionen einzelner Personen auf die Abwesenheit von Schönheit, fühlen diese sich doch »eingesperrt«, »unkomfortabel« oder »unbequem«, wenn sie sich zum Beispiel an einem Ort befinden, der bar jeglicher Natur ist oder so gestaltet wurde, daß er den menschlichen Beobachter erniedrigt oder überwältigt, wie etwa eine Straße mit glasverkleideten Hochhäusern. Hierbei sind für unsere Zwecke vor allem die Gesundheit und das Wohlbefinden eines ganzen Volkes relevant, welches einzelne Räume und Strukturen pflegen und miteinander teilen muß, um sie nicht nur als konstitutiven Besitz der Gemeinschaft, sondern auch des einzelnen zu empfinden. Wenn jene öffentlichen Plätze und Gebäude dies aber nicht wert sind, weil sie keine schönen Dinge sind, kann der geteilte Raum auch nie zu einem öffentlichen Raum werden. Er bleibt dann lediglich eine Leerstelle oder ein Bündel verschiedener Routen, welche private Unterkünfte verbinden. Und die Monumente – ob Bauten oder Statuen – sind dann nichts anderes als öffentlich aufgestellte Ausdrücke individueller Interessen oder die imperialen Schöpfungen einer Herrschaftselite, welche Unterwerfung einfordert; man denke etwa an die Stalin-Statuen in Georgien, den »Palast der Kultur in Warschau« oder die

»Europa Building«, Brüssel

zahlreichen »Türme von Babylon«, welche in Form von Hochhäusern jede moderne großstädtische Landschaft dominieren.

Als Überleitung zu Fragen der Ästhetik und der Zugehörigkeit, vor allem zu politischen Gemeinschaften, können wir dabei kaum anders, als das sogenannte »Europa Building« in Brüssel zu erwähnen, das 2016 fertiggestellt wurde. Seine aufdringliche Präsenz inmitten des Europaviertels und sein architektonisches Idiom scheinen wie dafür geschaffen zu sein, den Betrachter zunächst zu interessieren, dann zu instruieren, und ihn schließlich abzustoßen. Der neue Sitz des Europäischen Rates ist in dieser Hinsicht paradigmatisch: Er ist geformt wie ein gigantisches Glas-Rechteck, in welchem sich ein ebenso gigantisches Ei befindet, in dem dann schließlich der Versammlungsraum des Rates untergebracht ist.

Müßte man für das Gebäude irgendeinen mythischen Ursprung erfinden, ließe sich kaum der Eindruck verdrängen, ein gigantischer, außerirdischer Vogel habe hier eines Nachts ein Ei gelegt, um das in der Folge ein Glashaus als eine Art Brutkasten errichtet wurde (mit der offenen Frage, welche Scheußlichkeit wohl eines Tages aus dem Ei kriechen mag). Das Innere des Eis macht es nicht besser: Sein größter Versammlungssaal hat zwar die Ausstattung herkömmlicher Regierungsräume, die Farbwahl sieht aber aus, als habe man alle europäischen Fahnen (inklusive der Regenbogenfahne) versammelt, dann massakriert und schließlich ihre Bestandteile überall verstreut. Damit die Farbfetzen auch allesamt an ihrem Ort bleiben (und sich nicht etwa aus eigener Kraft wieder zu den verschiedenen Fahnen der EU-Mitgliedsstaaten zusammenfinden), wurden unter den Farbfetzen der Decke des Saales weiße Gitter befestigt, welche dem Raum den Eindruck eines zeremoniellen Käfigs geben. Dann allerdings stellt man fest, daß jene Gitterstangen leicht gebogen sind und zwei konzentrische Kreise bilden, welche durch die Stangen miteinander verbunden werden. Der kleinere jener Kreise ist offen, so daß er wie eine Pupille wirkt – ein allsehendes Auge, welches unter der käfigartigen Konstruktion den gesamten Raum inspiziert. Abgesehen von jenen abschreckenden Absurditäten läßt das Europa-Gebäude keinerlei Staunen aufkommen, ist an keinerlei Narrativ beteiligt, hat keinen eigenständigen Charakter und lädt auch niemanden dazu ein, es zu mögen – vor allem, nachdem man erfährt, daß etwa 330 Millionen Euro an Steuergeldern nötig waren, es (auf Grundlage älterer Strukturen) zu errichten und ihm zu seiner gegenwärtigen Mediokrität zu verhelfen – und das nach 10 Jahren Arbeit.

Zudem wurde der ästhetische Wert offensichtlich durch den funktionalen und den didaktischen vollkommen überlagert, wobei es sich bei letzterem nur um eine simplistische moralische Instruktion handelt. Nun muß Architektur fraglos funktional genug sein, um den ihr inhärenten Zweck zu erfüllen, und gerade der Staatsarchitektur fehlt es nur selten an didaktischem Moralismus, vor allem wenn sie von und für eine herrschende Klasse, Partei oder Regierung in Auftrag gegeben wurde. Aber das Europa-Gebäude in seiner gegenwärtigen Materialisierung scheint außerdem noch geschaffen worden zu sein, zu negieren und auszuschließen. Der Architekt und der Designer etwa erklärten in einer öffentlichen Stellungnahme, daß die EU »*[is] not being served well by its blue flag with its 12 stars*«, welche als »*too bland an image of the multiple institutional, social, cultural constellations that structure European conscience*« betrachtet wird. Scheinbar dachten sie wohl in ihrem Bestreben, die »Uniformität« der anderen EU-Gebäude zu brechen, daß auch die nationalen Fahnen ihren jeweiligen Ländern keinen guten Dienst erweisen, denn diese wird man nirgendwo im Gebäude finden. Die Entscheidung, lediglich einen Mischmasch verschiedenster Farbfetzen überall im Inneren zu verteilen, inklusive Decken, Türen, Teppiche und Bodenbelag, und zwar in den Konferenzräumen, den Korridoren, im Presseraum, der Kantine und sogar den Aufzügen, straft jeden Anspruch Lügen, die Innenausstattung vermittle irgendeine Botschaft außer jener banalen »Einheit in Vielheit«. Sie vermittelt daher nur eine neue Form von Uniformität in der omnipräsenten Betonung einer einzelnen grundlegenden Nachricht, und das zu Lasten jeglichen ästhetischen Werts. Doch ohne diesen Wert kann das Europa-Gebäude kaum diejenigen, die hier arbeiten oder es besichtigen, dazu einladen, es als Sitz der Vertreter ihrer jeweiligen politischen Gemeinschaft innerlich zu verstehen oder gar zu lieben. Indem jeglicher ästhetische Wert verneint wird, wurde gleichzeitig auch jegliche Möglichkeit verhindert, das Gefühl geteilten europäischen Bürgertums aufkommen zu lassen.

3. Der ästhetische Wert

Wir haben gleich mehrfach von ästhetischem Wert gesprochen, aber was ist eigentlich ein ästhetischer Wert? Hier sei eine kurze Einführung in das Thema gestattet. Der ästhetische Wert ist sowohl ein universaler Wert als auch ein Forschungsfeld der europäischen Philosophie, eng verbunden mit der Ethik und der Philosophie des Bewußtseins. Die gegenwärtige Bedeutung des Konzepts der Ästhetik wurde durch Leibniz' Student Alexander Gottlieb Baumgarten in seinen *»Aesthetica«* vom Jahr 1750 geprägt. Ästhetische Fragen wurden freilich schon viele Jahrhunderte vor Baumgarten diskutiert, so etwa von Platon und Aristoteles oder Thomas von Aquin und den Scholastikern, welche alle eine unterschiedliche Terminologie verwendeten. Das berühmteste und wichtigste Werk im Bereich der modernen philosophischen Ästhetik ist allerdings Kants *»Kritik des ästhetischen Urteils«* (1790), in welchem der Autor Ästhetik als eine unabhängige Kategorie neben Ethik und Erkenntnis identifiziert. Schon vor Kant hatte Edmund Burke in *»A Philosophical Enquiry into the Origin of Our Ideas of the Sublime and Beautiful«* (1757) die hilfreiche Unterscheidung zwischen dem Sublimen und dem Schönen eingeführt; eine Unterscheidung, auf welche Kant seine Theorie gründete. Als gegenwärtiger Experte auf diesem Gebiet faßte der britische Philosoph Roger Scruton, der 2018 von der britischen Regierung als Vorsitzender der neuen Kommission »Building Better, Building Beautiful« eingesetzt worden ist, Kants Position folgendermaßen zusammen:

> »[i]n the sentiment of beauty we feel the purposiveness and intelligibility of everything that surrounds us, while in the sentiment of the sublime we seem to see beyond the world to something overwhelming and inexpressible in which it is somehow grounded. All we know is that we can know nothing of the transcendental. But that is not what we feel.«

Das erste Gefühl kann eine Quelle intellektuellen Staunens sein, während das zweite eher eine einseitige Begrenzung ist, hinter die wir nicht zu blicken vermögen (wie etwa der Horizont), welche wir aber durchaus erfahren können.

Das Gefühl der Schönheit läßt sich schließlich in philosophischer Hinsicht umsetzen in den Wert der Schönheit bzw. den »ästhetischen Wert«. Damit aus einem Gefühl ein Wert entspringt, muß die Erfahrung der Schönheit durch den Verstand analysiert werden. Die Erfahrungen und hiermit verbundenen Bewertungen, welche im alltäglichen Leben jenes Gefühl hervorbringen, müssen identifiziert und beschrieben und daraufhin in Prinzipien umgewandelt werden. Der ästhetische Wert ist dabei im klassischen Denken eng mit den Begriffen Proportion, Maßstab, Symmetrie, Kohärenz, Nützlichkeit usw. verbunden worden, von denen jeder einzelne in sich ein Gut oder einen Wert darstellt und seine Güte durch das Gefühl der Schönheit beweist, welches er in rationellen Geschöpfen hervorruft.

Werte können verwendet werden, um Dinge zu bewerten. Sobald ein ästhetischer Wert einmal Teil unseres Bewußtseins geworden ist, eine Haltung gegenüber der Welt (wie Scruton es ganz konkret einfordert), kann er sich verdichten und nicht nur unsere Einschätzung der Welt, sondern auch der Dinge und Erfahrungen prägen, die sich in ihr befinden. So entsteht eine neue Art und Weise, die Qualität der Welt zu messen, deren Resultat weder auf andere Weisen des Messens reduziert werden kann, noch parallel mit diesen einhergeht. Es macht kaum Sinn zu behaupten, daß zwei Erfahrungen oder Objekte denselben Wert besitzen, wenn die eine viel Schönheit, aber wenig Gutes besitzt, während die andere im selben Maße weniger Schönheit, aber mehr Gutes aufweist. Auch ist es sinnlos sich vorzustellen, daß das Gefühl für Schönheit lediglich auf jene Sinneswahrnehmungen reduziert werden könne, die wir als »wohlgefällig« bezeichnen (auch wenn Schönheit oft mit Sinneswahrnehmungen ebenso wie mit Wohlgefallen verbunden ist). So existiert kein bekannter körperlicher Sinn, der landschaftliche Schönheit wahrnehmen kann. Es bedarf mehrerer Sinne, unter anderem auch körperliche, die Schönheit einer Landschaft zu erfassen, aber man benötigt hierzu letztlich auch einen mentalen oder rationellen Sinn. Kant etwa dachte, daß die Quelle ästhetischer Erfahrungen letztlich der Verstand sei; und es ist auch unsicher, ob »Wohlgefallen« wirklich der richtige Weg ist, um das zu beschreiben, was die Sinne wahrnehmen. Sind es die Augen, welchen das grüne Feld und der blaue Himmel gefallen? Vielleicht bin eher »Ich« es, der Wohlgefallen empfindet, aber der Sitz dieses »Ichs« befindet sich in keinem meiner Sinne, ob körperlich oder geistig.

Die Suche nach dem Schönen entspringt, wie Kant lehrt, dem Interesse des Verstands, aber dieses Interesse hat nichts gemein mit anderen Verwendungen des Begriffs wie etwa in der Redewendung des »Interesses am Profit«, welches nichts anderes bedeutet als den Wunsch, Gewinn zu erzielen. Auf der Suche nach dem Schönen ist es schwer, eine direkte Verbindung mit einem besonderen Verlangen, Bedürfnis oder Interesse auszumachen. Die Verfolgung des Profits ist sowohl ein Mittel als auch ein Zweck, was aus ihr einen schlechten Kandidaten für einen »Wert« macht. Daher soll das Interesse am Profit eher als ein Verlangen verstanden werden, das unter gewissen Bedingungen erfüllt werden kann. Schönheit als Wert allerdings stellt einen Zweck dar und kann in dieser Weise auch insoweit »desinteressiert«, also selbstlos, verfolgt werden, als jemand, der nach Schönheit sucht, nichts anderes erlangen kann als die Erfahrung des Schönen. Während etwa jene Handlungen, welche von moralischen Überlegungen gesteuert sind, doch manchmal durchaus auch auf Eigennutz zielen, kann man einer Person, welche nach Schönheit strebt, kaum vorwerfen, diese bloß als Mittel zu einem anderen Zweck zu begehren, so daß man also nach Schönheit in einer uneigennützigen oder doch zumindest desinteressierten Art und Weise streben kann.

Ästhetische Werte können auch nicht in demselben Sinne produziert werden, wie man einen wirtschaftlichen oder finanziellen Wert generiert. Sie sind vielmehr das Resultat einer bewußten Hingabe, welche ausschließlich auf dem Wert des angestrebten Ziels beruht. Die Besonderheit jener ästhetischen Werte liegt in ihrer größeren Dauerhaftigkeit, vor allem gegenüber rein materiellen Werten, sowie in der Tatsache, daß sie größere Erfüllung und Befriedigung vermitteln und zudem weniger exklusiv als jene Güter sind, welche ausschließlich Vergnügen oder Nutzen bringen. Sie können außerdem nicht aufgebraucht werden, so wie materielle Werte, erschöpfen sich nicht, wie etwa rein sinnliche Werte, und lassen sich auch nicht austauschen, so wie reine Nutzobjekte. Sie lassen auch nicht den Wunsch zum Wettbewerb entstehen; und wer andere an ihnen teilhaben läßt, verliert dadurch selber nichts von ihnen, wie Peter Koslowski richtig betonte. In dieser Hinsicht sind ästhetische Werte eher wie öffentliche oder universelle Güter beschaffen.

4. Der Wunsch nach dem Schönen

Wieso allerdings werden jene Werte verfolgt, und worin besteht genau die selbstlose Natur jener Anstrengungen? Was kann die Sorge um die Schönheit als eines reinen Werts für Europa, die EU, die Nationen, die Familien und schließlich uns alle bedeuten? Und wenn wir uns entscheiden, nach Schönheit zu streben, wie können wir sichergehen, daß wir dies auch tatsächlich intendieren?

Wir müssen zunächst zum Begriff der »Intention« zurückkehren. Schönheit wurde im klassischen Denken immer auch transzendental verstanden. Der ästhetische Wert enthält in sich also jene Dinge, die uns hin zur Schönheit führen. Es bedarf vieler solcher Wegweiser in einem gegebenen Umfeld, um den Wunsch, ästhetische Werte zu wählen, zu beeinflussen. Wir erwähnten bereits vorher, daß eine Intention nicht unbedingt bewußt sein muß, weder im Moment der Entscheidungsfindung, noch während des darauffolgenden Handlungsprozesses an sich. Wir intendieren ja auch viele Handlungen, indem wir den gesamten Rahmen vorbereiten, in welchem diese ausgeübt werden sollen, bevor wir tatsächlich zu ihrer Verwirklichung schreiten. Bei der Umsetzung einer Handlung in die Wirklichkeit finden wir also physische bzw. strukturelle Anteile (manchmal sogar als zentrale, aber unbewußte Ursachen) ebenso wie mentale oder ideologische Gründe, von denen einige die bewußten Ursachen für das Handeln darstellen. In dieser Hinsicht wollen wir im folgenden kurz die Entstehung ästhetischer Werte als Voraussetzung für die Intention der Schönheit betrachten.

Es existieren Voraussetzungen für das Verfolgen von Schönheit und das, was man ihre Vorbedingungen nennen könnte, und von denen viele bewußt oder unbewußt einer bestimmten Kultur oder Gesellschaft eingepflanzt sind. Hier ließe sich etwa an die besondere Bedeutung denken, welche der Schönheit im Vergleich zu anderen Werten zukommt, aber es bestehen auch profanere Ursachen, so etwa der Vermögensanteil, der in einer Gesellschaft verwendet wird, um Handwerkern, Künstlern und Kritikern zu ermöglichen, ästhetisch wertvolle Artefakte zu entwerfen, zu entwickeln, zu verwirklichen und zu bewundern.

Zusätzlich hierzu müssen wir auch an die Rahmenbedingungen denken, welche den Dienst an der Schönheit erst sichern, eröffnen, schützen und auf ein Ziel ausrichten; etwa informelle Beziehungen zwischen (und mit) Künstlern, oder verschiedene künstlerische Institutionen. Jene Rahmenbedingungen umfassen auf ihrem Höhepunkt das, was der schottische Philosoph Alasdair MacIntyre die »Praktiker« und die »Traditionen« genannt hatte, und was meist als »Schule« (im konkreten und abstrakten Sinne) bezeichnet wird. Der Begriff »Schule« ist dabei natürlich nicht im modernen, institutionellen Sinn des Wortes verwendet, sondern verweist eher auf jene Gruppen, welche sich durch die Natur der Dinge im Laufe der Zeit um einzelne Künstler sammelten und ihnen folgten. Manche von ihnen haben den Stil, die Form oder das Genre großer Künstler so täuschend nachgeahmt, bewahrt und überliefert, daß wir sogar Werke der Schulen von Leonardo oder Michelangelo besitzen, die nur für das beste Auge von den Schöpfungen der eigentlichen Meister unterschieden werden können. Aber die Freiheit jener Schulen, innerhalb einer gewissen Tradition schöpferisch tätig zu werden, existiert eben nur innerhalb von festgeschriebenen Grenzen, welche jegliche Handlung beschränken und auf besondere Ziele hin ausrichten. Freilich setzt all dies fest verankerte und positiv konnotierte Gewohnheiten voraus, etwa die Neigung, ästhetisch wertvolle Elemente anderen vorzuziehen, was ein Mindestmaß an ästhetischer Hierarchisierung impliziert. Die Gewohnheit, welche sich dadurch herausbildet, daß eine Person oder Gesellschaft das bevorzugt und auswählt, was schön ist, und zwar zur richtigen Zeit und aus den richtigen Gründen, nennt man eine Tugend. Hiervon ausgehend läßt sich auch das dazugehörige Laster verstehen, welches darin besteht, gewohnheitsmäßig das zu wählen, was nicht schön ist.

Nur wenn ein Volk, eine Person oder eine Gesellschaft über eine solche Tugend verfügt, ist die systematische Planung und Durchführung ästhetischer Werte möglich. Dies benötigt Aufmerksamkeit, Konzentration und Durchhaltevermögen, welche alle umso wahrscheinlicher vorhanden sind, wenn die Neigung zur Schönheit in Form einer Tugend eine Gewohnheit geworden ist, denn die Bejahung eines gewissen Habitus kann eine feste Gewohnheit werden: Schönheit wird umso höher bewertet, wenn sie auch in den alltäglichen Gewohnheiten eines Volkes allgemein geschätzt wird. Anders gesagt: Der ästhetische Wert ist desto einfacher zu verwirklichen, desto weitverbreiteter »ästhetische Tugend« praktiziert wird. Es ist also kein Wunder, daß in unserer modernen Welt, in welcher es wichtiger ist, »kreativ« und »nonkonformistisch« zu sein als kohärent und berechenbar, auch so wenig Schönheit intendiert wird, denn man müßte in dieser Hinsicht völlig gegen den gesamten Geist der Zeit ankämpfen.

5. Auf dem Weg zu mehr Schönheit

Wir haben in den vorangehenden Seiten viele Annahmen gemacht, aber bislang nur wenig darüber gesagt, wie wir uns von jenem Kult der Häßlichkeit und den Hohepriestern der Entweihung abkehren können – vor allem hier in Europa. Dies soll nun geschehen.

Erinnern wir uns zunächst, daß Schönheit im klassischen Denken – und völlig zu recht – als transzendental betrachtet wurde. Der ästhetische Wert umfaßt alle jene Dinge, die zur Schönheit führen; und ästhetische Tugend ist die Neigung, Schönheit zu schaffen. Daher sollten wir sehr skeptisch sein angesichts politischer Vorschläge *für* mehr Schönheit oder *für* mehr ästhetischen Wert – man denke nur an die Verwüstung, welche etwa ein Komitee für die Wahrheit, für das Gute oder für Einigkeit anrichten könnte; denn es bestehen sowohl aus philosophischer als auch praktischer Perspektive intrinsische Probleme, welche solche »transzendentalen Komitees« zu unbrauchbaren, ja wahrscheinlich sogar tyrannischen Initiativen machen würden.

Was schön ist, ist allerdings schwieriger zu bestimmen als das, was häßlich ist, und gegen das wir gewöhnlich eine instinktive Abwehrreaktion haben (zumindest, wenn wir es uns erlauben, nicht allzu »modern« zu sein und unser eingebautes »ästhetisches Gewissen« nicht zu verlieren). Jeder Mensch, der funktionsfähige Sinne und einen Körper besitzt, kann an der Ablehnung des Häßlichen teilhaben; aber zu bestimmen, was schön ist, und zwar auf einer Ebene, welche über Banalitäten wie etwa das Vergnügen am Sonnenaufgang an der Küste hinausgeht, erfordert eine ernsthafte, verstandesmäßig geführte Auseinandersetzung. Leider sind die Kräfte des Verstands weder großzügig noch gleichmäßig über die Menschheit verteilt; Schönheit ist daher in einer Weise umstritten, in welcher Häßlichkeit es sicherlich nicht ist, weshalb einst der Beruf des Kunst- und Literaturkritikers allein dazu existierte, zu einem halbwegs verläßlichen ästhetischen Urteil zu gelangen. Einverständnis über das, was häßlich ist, kann daher erheblich einfacher erzielt werden als über das, was schön ist – selbst von Seiten der breiten Masse.

Unser Vorschlag, ästhetische Werte zu sichern, würde daher erstens in einer Förderung der kulturellen Tabuisierung der Häßlichkeit beruhen, und zweitens in einer rationell wie praktisch veranlagten Bewegung weg von der Verhäßlichung der Welt durch eine Art »ästhetischen Interventionismus«. Dieser sollte auf der Ebene kollektiver Verbände beginnen und vor allem an jene gerichtet sein, welche die diesbezüglichen Entscheidungen treffen. Wie ließe sich also das Handeln jener Politiker, Minister oder Unternehmer solcherart beeinflussen, daß sie dazu gebracht werden, nicht nur das Gute im ästhetischen Wert zu erkennen, sondern diesen auch zunehmend in ihrer Politik, ihren Produkten oder ihren Praktiken zu verwirklichen?

Ein guter Beginn könnte es sein, sie während der wichtigsten Etappen ihrer ästhetisch relevanten Tätigkeiten, so wie etwa dem Bau eines öffentlichen Gebäudes oder einer Industriezone, mit dem folgenden Fragenkatalog zu konfrontieren, dessen Beantwortung Teil des Antrags auf öffentliche Genehmigung sein könnte (Wie der Leser sehen wird, handelt es sich hierbei weniger um eine »Schönheits-Politik« denn vielmehr um eine Art apophatischer Ästhetik, oder eine *via negativa* hinweg von der Häßlichkeit):

Bitte beantworten Sie folgende Fragen, wohlwissend, daß Ihre Antworten der Nachwelt in öffentlichen Aufzeichnungen erhalten bleiben werden:

- *Welche der verschiedenen zur Diskussion stehenden Optionen würden Sie als die am wenigstens häßliche betrachten?*
- *Wären Sie bereit, selber in den Räumen zu arbeiten, die Sie entworfen oder gebaut haben?*
- *Würden Sie Ihre Eltern/Ehepartner/Kinder dort arbeiten lassen?*
- *Wären Sie bereit, in der Nähe besagten Gebäudes zu wohnen?*
- *Würden Sie Ihre Eltern/Ehepartner/Kinder dort wohnen lassen?*
- *Weckt das Gebäude Ihre Bewunderung (oder zumindest: Macht es Sie nicht ängstlich), so daß es Ihnen Freude bereiten würde, dort anwesend zu sein, und Sie gerne wiederkehren würden (oder zumindest nicht sofort von dort flüchten wollen)?*
- *Ist das Gebäude so entworfen, daß es die gegenwärtigen Moden in einer Art und Weise überleben könnte, welche be-*

weist, daß es nicht nur zu Profitzwecken oder aus rein prak-
tischen politischen Gründen errichtet wurde?
- *Glauben Sie, ein möglicherweise in Zukunft unter Denk-*
  malschutz zu stellendes Gebäude zu errichten?
- *Wenn nicht, inwieweit ließe sich das Gebäude so verbessern,*
  daß künftige Generationen es gerne erhalten würden?
- *Ist das Gebäude dem menschlichen Maßstab angepaßt und*
  entspricht seinem Zweck?

Die Liste ließe sich verständlicherweise beliebig fortsetzen.
Und ja, ein bloßes Nachdenken über diese Fragen garantiert natürlich noch lange kein zufriedenstellendes Resultat.
Aber es steht zu hoffen, daß selbst im schlimmsten Fall eine
systematisch eingeforderte und auch öffentlich diskutier-
te Reflexion über die Bedeutung der oben aufgeführten
Faktoren zumindest einige Politiker und Unternehmer
von jenen Unternehmungen abhalten könnte, welche von
ästhetischer Seite am schlimmsten zu betrachten wären, so
wie etwa die Massenanfertigung häßlicher, unbewohnbarer
und unliebsamer sozialer Räume. Häßlichkeit in einem ersten Schritt ganz auf den politischen Bereich zu reduzieren
– das hat unsere erste Aufgabe zu sein, ebenso wie ein bös-
artiger Tumor zunächst entfernt werden muß, bevor eine
ernsthafte Therapie beginnen kann.

Daß es nicht nur um Ästhetik geht, sondern um den
Zusammenhalt des gesamten Gesellschaftskörpers, dürfte dabei klargeworden sein; und auch die praktische
Anwendung dieser Tatsache ist kein Geheimnis. Denn sollte es Europa gelingen, tatsächlich zu einer Form dauerhafter
politischer Union zu gelangen, ist nicht mehr anzunehmen,
daß die amerikanischen Truppen weiterhin Präsenz zeigen
werden, um die europäischen Grenzen zu verteidigen. Doch

US Capitol, Westseite

können wir erwarten, daß unsere eigenen jungen Männer eines Tages bereit sein werden, für »Europa« und die europäischen Lande zu sterben, wenn jenes Europa so voll ist von Orten, welche zu häßlich sind, um geliebt zu werden? Niemand würde sterben, um das Brüsseler »Europa-Gebäude« oder jene geheiligten Euro-Scheine mit ihren völlig fiktiven gotischen oder romanischen Brücken so zu verteidigen, wie man einstmals zu Füßen des Parthenon gestorben ist und an Medaillons mit Bildern der Götter Griechenlands festhielt... Ein moralischer Patriotismus, der fähig ist, einen solchen Mut zu erwecken, wird ohne ästhetischen Patriotismus nicht bestehen können.

Die EU-Verfassung war nicht nur deshalb eine Totgeburt, weil ihre Verfasser es versäumt hatten, im Vorfeld historisch erfolgreiche Verfassungen zu studieren, so wie etwa die römische, britische oder amerikanische. In Zukunft architektonische Scheußlichkeiten wie etwa das »Europa Building« zu vermeiden, würde kein schlechter erster Schritt auf dem Weg sein, jene häßliche, unliebsame und finstere Europäische Union zu überwinden. Hierzu gilt es freilich, die öffentliche Architektur jenes Landes zu studieren, das auch heute noch weltweit auf den größten moralischen Patriotismus stolz sein kann und diesem auch in seinen Staatsbauten einen würdigen Ausdruck verliehen hat: Schon eine kleine Reise nach Washington D.C. könnte in diesem Sinne für die europäische Integration Wunder wirken…

AUF DEM WEG IN DIE CHRISTENHEIT DES 21. JAHRHUNDERTS

Alvino-Mario Fantini

1. Einleitung

1996 veröffentlichte der mittlerweile verstorbene amerikanische Jurist und Wissenschaftler Robert Bork das Buch »*Slouching Towards Gomorrah*«, in welchem er den modernen westlichen Liberalismus scharf kritisierte. Fast ein Vierteljahrhundert später sollte man anstatt »*slouching*« wohl eher »*running*« sagen – vornübergebeugt, mit offenem Mund und ausgestreckten Armen; und zwar in Richtung unseres eigenen Untergangs. Die Zeichen des Niedergangs umgeben uns überall, und doch bleiben die meisten unter uns davon unbewegt.

Unter diesen Voraussetzungen kann man kaum umhin, der Zukunft mit tiefem Pessimismus entgegenzusehen. Wie könnte es auch anders sein? Das *ethos* unserer Zeit ist mittlerweile solchermaßen irreligiös und erdrückend geworden, daß er sich tief in das Leben der Menschen hineingefressen hat und schon in der Kindheit jeglichen Idealismus zerstört. Wir sind fast vollständig von den komplexen technischen Paraphernalia des säkularen Staates und seiner Agenten umgeben und werden nahezu erstickt durch die Aufdringlichkeit einer »politisch korrekten« Kultur, die Rache mit Recht verwechselt.

Somit hat der radikale Egalitarismus des modernen Liberalismus alle Unterschiede zwischen öffentlich und privat verschwimmen lassen und sucht mittlerweile sogar

155

nach Mitteln, die grundsätzlichen Unterschiede zwischen heilig und profan sowie zwischen Mann und Frau auszu-löschen – binäre Unterschiede, welche heutzutage als letz-te Überbleibsel einer vergangenen, »unterdrückenden« Weltanschauung betrachtet werden. Sie sollen keinen Platz mehr in der heutigen Welt haben, sagt man uns, selbst nicht – was wohl das Beunruhigendste ist – in den Kammern unseres Geistes.

2. Die Ruinen einer Zivilisation

Es ist nahezu eine persönliche Beleidigung unseres Sinnes für Schönheit und Wahrheit, daß selbst die behaglichen Dörfer und bukolischen Kleinstädte, welche die Karten von Regionen wie den englischen Cotswolds, der portugie-sischen Algarve oder selbst Neuenglands sprenkeln, durch den Hedonismus und die heidnische Brutalität des moder-nen Lebens verdorben worden sind. Selbst, wenn sie noch nicht vollständig von jenem dionysischen Taumel ergriffen sind, befinden sie sich doch schon weit fortgeschritten auf dem Weg in diese Richtung. Es reicht, den Geburtsort von Samuel Johnson im Norden von Birmingham an einem Wochenende zu besuchen, um ihn völlig in Trunk, Gewalt und Ausschweifung versinken zu sehen – eine eher maka-bre Version von Hogarths »Beer Street« und seiner »Gin Lane«, ohne deren Charme.

Die Selbsterniedrigung der Menschen unseres entchrist-lichten Westens wird auch im Gespräch und den Inter-aktionen zwischen den Menschen deutlich. Der »gesunde Menschenverstand« ländlicher Werte und Traditionen – von den kleinen Provinzstädten Österreichs und Italiens bis zu den dörflichen Gemeinden Deutschlands, der Niederlande und Frankreichs – wurde ausgerottet, ersetzt durch neue Werte oder schwand von selbst, wo er nicht mehr gepflegt wurde. Was übrigbleibt, ist oft nur noch eine gefühllose Wiederaufführung örtlicher Traditionen und ein völlig unstrukturiertes Bild des Gemeindelebens.

Hört man genauer zu, merkt man zudem, wie sehr heute alle Gespräche von Narzißmus durchtränkt sind: Die Menschen bekennen sich unwissentlich zunehmend zu einem krassen Materialismus und einem milden Linksliberalismus, in dem kein Platz mehr für einen Gott existiert – und meist auch nicht für den Widerspruch. Kurz gesagt: Nimmt man die materiellen, finanziellen und technischen Aspekte aus, führen wir nunmehr ein billiges, sinnloses Leben.

3. »And the women wailed in answer«

Die Verformung des modernen Geistes und die Erniedrigung der menschlichen Person sind keine neuen Phänomene. In vielerlei Hinsicht sind sie die natürlichen Resultate mehrerer Jahrhunderte philosophischer Irrtümer, konkurrierender Weltanschauungen und direkter Angriffe. Aber die Intensität und Allgegenwart der verschiedenen heutigen Herausforderungen sind offensichtlicher denn je.

Vielleicht ließ sich dies nicht vermeiden. R. J. Rushdoony schrieb einmal, »[n]on-Christian philosophy and culture by its very nature, tends inevitably to tension, paradox, and antinomy«. Entfernt man die christliche Offenbarung aus der philosophischen Sinnsuche, ist dies unweigerlich das notwendige Resultat. Freilich wird diese Entwicklung noch durch die Ausbreitung aggressiver säkularer und anti-christlicher

Philosophien verstärkt. Diese haben, um die Worte von Herman Dooyeweerd aufzugreifen, die Schaffung komplexer bürokratischer Strukturen, die Entpersönlichung und Funktionalisierung zwischenmenschlicher Beziehungen und die Entstehung des »Massenmenschen« vereinfacht.

Diese Veränderungen bedeuten eine globale kulturelle Revolution, welche sämtliche Aspekte des Lebens beeinflußt hat. Wie auch Marguerite Peeters warnt, ist eine »neue Ethik« entstanden, welche man betrachten muß als *the outcome of the twentieth century's feminist, sexual, and cultural revolutions.«* In ihrem Herzen aber liegt, wie Peeters und viele andere klarsichtige Denker deutlich gesehen haben, eine »methodische Dekonstruktion« der gesamten jüdisch-christlichen Anthropologie.

Die vielfältigen Angriffe auf den Westen sind am offensichtlichsten in ihren konkreten Auswirkungen, etwa in den Versuchen, private und patriarchalische Institutionen zu zerstören oder »beleidigende« kulturelle Artefakte aus unseren Galerien, Museen und Gärten zu entfernen. Aber auch der menschliche Geist ist Teil dieses Schlachtfelds.

Schon in unseren Schulen werden den Kindern und Jugendlichen verführerische Lügen über die Welt beigebracht – zum Beispiel, daß Rassismus endemisch und Frauenfeindlichkeit allgegenwärtig seien, und daß die gesamte Geschichte des christlichen Westens weitgehend in Diskriminierung, Ausschließung und Unterdrückung bestanden hätte. Die Aufgabe, die Welt von solchen Übeln zu befreien, ist dabei zunehmend auch von den staatlichen Autoritäten übernommen worden: Versehentlich das falsche Pronomen zu wählen, um eine Transgender-Person zu bezeichnen, kann mittlerweile im Vereinigten Königreich zu einer Vernehmung durch die Polizei führen.

All dies ist eine zutiefst traurige Situation. Aber wir können nicht dabei verharren, uns zu beklagen, während die Barbaren weiterhin die steinernen Ornamente unserer Tempel zerschlagen. Es ist Zeit, den Westen von den kulturellen Revolutionären und Nihilisten zu befreien und die Altäre neu zu errichten, damit eines Tages wieder ein Tabernakel auf dem geweihten Marmor stehen kann.

4. Auf dem Weg zu einer revolutionären Rechten

Die haßerfüllten und allgegenwärtigen Angriffe auf unsere Kultur und Zivilisation – und damit auf unser eigentliches Wesen – haben schon allzulange angedauert. Sie verdienen eine starke Antwort. Die Kapitulation hat keinerlei Wirkung gezeigt. Ganz ähnlich sind politische und legislative Reformen systematisch gescheitert, egal, welche Partei an der Macht war. Nirgendwo ist es zu einer wirklichen Rückbesinnung auf eine klassische, selbstbeschränkte Regierung oder das Prinzip »geordneter Freiheit« gekommen, und das trotz der verschiedensten internationalen konservativen Netzwerke und freiheitlicher Think-Tanks, Stiftungen und Aktivisten.

Viele »populistische« und »nationalistische« Bewegungen in Europa haben dieses Scheitern klar erkannt. Sie suchen nunmehr, die Machtstrukturen ihrer jeweiligen Staaten fundamental zu verändern. Daher haben sie das »politics as usual« durch eine eher disruptive Art politischen Handelns ersetzt. In dieser Hinsicht ist es erwähnenswert, eine Schlüsselpassage aus einem anonymen Essay über den »Trumpismus« zu zitieren, welcher in der Zeit nach den 2016 stattgefundenen US-Wahlen zirkulierte und erklärte: » *The purposes and principles of the modern right are necessarily revolutionary.*«

Können wir damit unseren Frieden schließen? Wahrscheinlich haben wir keine andere Option. Konservative überall auf der Welt finden sich gewissermaßen zwischen Scylla und Charybdis wieder: Zum einen wollen sie dem demokratischen Entscheidungsprozeß eine weitere Chance geben und darauf hoffen, durch Konsens konkrete Reformen zu erzielen; auf der anderen Seite sind sie verzweifelt angesichts der globalen Dimensionen des linksliberalen »Sumpfes« und zunehmend bereit, radikale Änderungen mit weitreichenden Konsequenzen zu akzeptieren, indem sie nationalistische, populistische und souveränistische Bewegungen unterstützen. Die »Zerstörung des Verwaltungsstaats« scheint zunehmend zu einem Mantra zu werden.

In vorliegendem Essay wollen wir eine Neubegründung des »christlichen Westens« durch drei verschiedene Herangehensweisen skizzieren. Wenn auch kaum als echtes Programm zu betrachten, wollen wir dennoch einige grundlegende Überlegungen vorstellen, welche von der Vision einer Erneuerung des Christentums geprägt sind und hoffentlich provozieren, inspirieren und zur Handlung aufrufen werden. Wir haben nichts mehr zu verlieren.

5. Unsere Identität zurückfordern

Der erste Schritt ist es, unserer Identität bewußt zu werden und sie zu verteidigen. Dies muß unser Anfangspunkt sein, auch wenn es gerade heute schwer ist, unbeschadet von »Identität« zu sprechen. Unsere moderne Kultur erwartet geradezu, daß Aussagen zu »Identität« in einem post-modernen und progressiven Jargon zu tätigen sind. Es ist zu einer verbindlichen Bedingung geworden, in diesem Kontext auf den Status von Minderheiten zu verweisen, ethnische und/oder rassistische Marginalisierung zu erwähnen, religiöse Unterdrückung anzusprechen und jede weitere denkbare Form von »gender«-bezogener Ungerechtigkeit anzuführen. Und wenn Denker, Wissenschaftler und Politiker es gewagt haben, Identität über Kultur und Geschichte zu definieren, sind sie meistens mit Vitriol begrüßt worden – und Vorwürfen von Gefühllosigkeit, Vorurteil und Rassismus.

Sicherlich stimmt es, daß einige der eifrigeren Exponenten angeblich »konservativer« Sichtweisen nicht zu Unrecht der Fremdenfeindlichkeit bezichtigt werden können. In ihrer schlimmsten Form lassen sie unter dem Vorwand einer »Bewahrung« des Westens alle Zügel schießen und decken damit ihre engstirnige, materialistische und deterministische Sichtweise auf, indem sie die ideologisierte Sichtweise einer »geordneten Gesellschaft« vertreten, welche auf den Versatzstücken der Rassenlehre des 20. Jahrhundert basiert. Hier gilt es, kein Amalgam zu betreiben: Dies sind *nicht* die Konservativen, welche die Bezeichnung der »Verteidiger des christlichen Abendlandes« verdienen. Unsere Antwort auf diese Meinungen muß ebenso klar und eindeutig sein wie auf die anderen ideologischen Bedrohungen des Westens: linker Progressismus, Rand'scher Liberalismus und Islamismus.

Aber nun ist die Zeit, einmal mehr in stolzem und sicherem Ton über die westliche Identität zu sprechen. Diese ist in den letzten Dekaden durch zahlreiche respektable Denker intensiv erörtert worden. Indem sie nicht nur die politischen und sozialen, sondern auch die literarischen und künstlerischen Erzeugnisse ins Auge faßten, haben viele Wissenschaftler versucht, das komplexe Mosaik der Kulturen und linguistischen Traditionen des Westen zu erforschen und gleichzeitig das Entstehen der europäischen christlichen Kultur und der westlichen Christenheit zu skizzieren. Doch die wahrhaft großen Denker – jene, deren präzise Einsicht fähig war, durch das weitläufige Panorama der westlichen Zivilisation hindurch die wesentlichen Kernelemente zu erblicken – haben uns jenseits der bloßen Narration mit vielen tieferen Nuancen und feinsinnigen Unterscheidungen beglückt. Gerade Kunsthistoriker wie Christopher de Hamel, Journalisten wie Pío Moa und Philosophen wie Augusto Del Noce, um nur einige wenige zu nennen, haben uns mit ihren Beschreibungen der größten Errungenschaften Europas daher eine große Freude bereitet.

Sie und viele andere haben uns daran erinnert, daß wir viel mehr sind als das, was wir kaufen, verkaufen oder tauschen. Wir sind die Kinder eines einstmals großen Kontinents, der zunehmend belanglos geworden ist; die Erben eines reichen, dicht bestickten religiösen Bildwerks, welches den Besitzer nicht mehr erfreut oder interessiert. Dieses Bildwerk beginnt im Alten Vorderasien, setzt sich in der klassischen Antike fort und kulminiert in der Hellenisierung des Christentums. Einige Worte zu unserem kulturellen Erbe.

5.1. Der alte Vordere Orient

Die Bedeutung der Kulturen des Zweistromlandes noch vor Entstehen der Königreiche Israel und Juda wird allzuoft vergessen. Auf der einen Seite bestehen Chauvinisten, welche sich als »konservative Wissenschaftler« ausgeben, darauf, daß erst die Gründung der Stadt Jerusalem den eigentlichen Beginn der westlichen Zivilisation ausmacht, und amalgamieren somit Jerusalem mit Babylon und Assyrien. Wollen wir aber die vielfältigen Wurzeln der westlichen Identität besser verstehen, ist es die sich uns stellende Herausforderung, im Gegensatz zu jenen Wissenschaftlern die Rolle und Bedeutung jener frühen Reiche besser zu würdigen.

Auf der anderen Seite beobachten wir allerdings den Versuch progressiver Historiker und Aktivisten, welche meist durch ein kritisches, in Freund und Feind aufgeteiltes Weltbild geprägt sind, die Rolle jener frühen Staaten möglichst zu überschätzen, ist es doch ihr Ziel, den Einfluß jener Gruppen möglichst zu übertreiben, die sie als »marginalisierte« Akteure der Geschichte betrachten. Der konservative Revisionismus eines Eric Hobsbawm oder der Marxismus eines Howard Zinn sind typische Beispiele, und der Schwindel, als welcher Martin Bernals Buch »*Black Athena*« (1987) zu bezeichnen ist, brachte diese ganze Stoßrichtung auf eine bislang ungeahnte Höhe und stellt wohl eines der grellsten Beispiele einer solchen politisierten Geschichtsschreibung dar.

Leider fehlen heute weitgehend solche Werke, die man als echte und objektive Geschichtsschreibung bezeichnen könnte, und für die man als Beispiel auf Henri Frankfort und Thorkild Jacobsen verweisen könnte. Ihr bedeutendes Werk »*The Intellectual Adventure of Ancient Man*« (1946) erforschte die Idee des »spekulativen Gedankens« und drang tief in die Ursprünge des Wesens von Mythos und Realität ein. Es gelang den beiden Autoren, die Verbindung zwischen den frühesten Mythen und der weiteren Entwicklung des westlichen Denkens zu zeigen, allen voran die Bedeutung der Selbstbetrachtung des Menschen mitsamt seinem eigenständigen Lebensentwurf innerhalb eines weitläufigen Kosmos. Diese Erfahrung – autonom der erdrückenden Realität der Existenz ausgeliefert zu sein – ist die Grundlage unseres lebenslangen Kampfes, uns von den verschiedensten Begrenzungen freizumachen – ein Kampf, der in der christlichen Offenbarung seine Auflösung findet.

5.2. Die jüdisch-christliche Tradition

Während das Mysterium der Inkarnation Christi mitsamt seinen jüdischen Wurzeln uns Anlaß zu zahlreichen Überlegungen liefern könnte, gilt es vor allem festzuhalten, daß die jüdisch-christliche Tradition – jene Mischung aus jüdischem Nationalismus und christlicher Offenbarung – die heidnischen Kulturen der Levante tief verändert hat. Indem sie sich über die ganze Welt erstreckte, verbreitete die Synthese aus Altem und Neuem Testament eine Botschaft von Transzendenz und Erlösung, von der Befreiung vom Wahnsinn und den Leiden dieser Welt.

Gleichzeitig stellte sie einen grundlegenden Wandel dar, da der Mensch lernte, seine Welt nicht mehr als von einem bedrohlichen Pantheon unkontrollierbarer Götter beherrscht zu empfinden, sondern von einem göttlichen Bündnispartner, der sich bald durch das Mysterium der Inkarnation zu erkennen gab. Diese Transformation – von einem »Modus des Bewußtseins« zu einem anderen – stellt das dar, was Eric Voegelin als einen »*leap in being*«, einen »Sprung im Sein« bezeichnete. Die Bedeutung eines solchen Sprunges für das Selbstverständnis des Menschen kann kaum überbewertet werden. Die Erfahrung, nicht mehr bloße Marionetten eines ewigen Krieges innerhalb der Götterwelt zu sein, sondern vielmehr die Kinder eines liebenden Gottes im Himmel, war eine mächtige Erleuchtung – und mündete in einen lebenslangen Kampf, diese Vision auch in die Realität umzusetzen.

In dieser Hinsicht muß daran erinnert werden, daß nur eine Kultur, die im Christentum und seinen Sakramenten wurzelt, auch tatsächlich fähig sein kann, die Rechte anderer wahrhaft zu akzeptieren, zu respektieren, zu tolerieren und zu verteidigen. Denn nur in einer Zivilisation, in welcher eine Religion uns einlädt, uns gegenseitig zu lieben, anstatt zu fürchten oder sich blindlings einem unbekannten – und unerkennbaren – Gott zu unterwerfen, können jene Prinzipien, die wir so wertschätzen, überhaupt überleben. Die religiösen Traditionen, welche dann in der Folge außerhalb des Christentums entstanden, kommen dieser Botschaft nicht ansatzweise nahe. Entweder machen sie aus dem »Menschen das Maß aller Dinge«, um die Worte des Protagoras zu verwenden, und machen somit Gott irrelevant, oder aber sie verlangen vom Menschen die absolute Unterwerfung unter einen furchteinflößenden Gott und machen somit den Menschen irrelevant. Nur das Christentum erlaubt es den Menschen, sich sowohl vom Kult des Menschen abzuwenden, als auch auf die Realität jenseits des Todes zu blicken – auf Gott selbst.

5.3. Griechenland und Rom

Das spekulative Denken erreicht natürlich seinen Höhepunkt im klassischen Zeitalter Griechenlands. Die Suche nach der Wahrheit durch mutige Auseinandersetzung mit der Realität – unerbittlich von Sokrates, Platon und Aristoteles betrieben – erlaubte dem Menschen, die frühesten Höhen des »rechten Verstands« zu erklimmen. Die griechische Zivilisation bereicherte den Westen daher mit

Elementen, welche vorher nur in sporadischen Phasen vorhanden waren. Die griechischen Philosophen systematisierten das spekulative Denken – und reicherten es um einen gewissen martialischen Geist an, der später auch von Rom aufrechterhalten wurde.

Das Wachsen der römischen Republik auf den Fundamenten der griechischen Kultur und Zivilisation führte zur nächsten Etappe in der Entwicklung des Westens – vor allem durch die außergewöhnliche Kombination von Republikanismus und Monarchie, welche die 41 Jahre dauernde Herrschaft des Kaisers Augustus charakterisierte. Seine Reformen – für die Nachwelt in den »*Res Gestae*« des »*Monumentum Ancyranum*« erhalten – umschlossen weitgehende infrastrukturelle Maßnahmen, eine umfassende Bautätigkeit in Städten und Dörfern, eine verschärfte Verfolgung von Kriminellen und Piraten sowie merkliche steuerliche Verbesserungen. In Rom stärkte er die Sicherheit, stellte die Ordnung wieder her und errichtete bzw. renovierte so viele Tempel und Gebäude, daß er zu Recht behaupten konnte, er habe »*Rom als eine Stadt aus Ziegeln vorgefunden und als eine Stadt aus Marmor hinterlassen*«. Man könnte mit etwas Ironie sagen, er habe sich bemüht, das Imperium »great again« zu machen.

Es ist wichtig, die grundlegende Bedeutung des Lateinischen zu unterstreichen, vor allem unter Kaiser Augustus, dessen Regierung das wahre »goldene Zeitalter« der römischen Poesie darstellte. Indem es von der griechischen Literatur zehrte, wurde das Lateinische von Autoren wie Caesar, Cicero, Livius oder Tacitus zur Perfektion entwickelt, oder, wie A. W. F. Blunt schrieb: »*If the Greeks taught men to think truly and deeply, the Romans taught them to state their meaning clearly and accurately.*«

Es ist wohl unnötig, hier zu betonen, daß diese kurz aufgezählten Traditionen die verschiedenen »kulturellen Straten« ausmachen, die sich, Schicht über Schicht, über Jahrtausende hinweg gebildet haben, aber es lohnt sicher, explizit festzuhalten, daß die europäische Identität eine Synthese dieser Schichten darstellt: Ob wir nun dem »Codex Hammurabi« in unseren rechtlichen Überlegungen Anerkennung zollen oder in unserer Poesie auf das Gilgamesch-Epos anspielen, jene zivilisatorische Leistung, die mit den frühesten levantinischen Kulturen entstand, ist eine deutliche Quelle unserer Identität. Die darauffolgenden Errungenschaften des spekulativen griechischen Denkens und des römischen Ordnungs- und Verwaltungsgeistes sowie die radikale Veränderung, welche der jüdische Messias hervorrief, begründeten daraufhin den Rahmen, in welchem die neue europäische Identität sich erstmals entfalten konnte, vor allem in der Gotik des Mittelalters, als sich ein vereintes christliches Europa abzeichnete.

6. Die westliche Zivilisation wiedererrichten

Der zweite Schritt besteht darin, die westliche Zivilisation in all ihrer Form wieder aufzubauen und ihr innerhalb unserer Kultur erneut einen Ehrenplatz zu gewähren. Ein solches Projekt kann nur von kleinformatigen und nicht-politischen Akteuren kommen – von jenen verschiedensten Gruppen, welche gegenwärtig überall in Europa gegründet werden, über die von Manuel Castells geschaffenen »Projektidentitäten« und »Widerstandsidentitäten«, die in den Netzwerken existieren, bis hin zu den sogenannten

»deplorables« und »somewheres«, welche an der Basis ihr Leben fristen. Solch ein Projekt kann niemals die Aufgabe politischer Eliten oder gar die Aufgabe des Staates sein, denn dies würde das Schicksal eines solchen Unterfangens besiegeln.

In diesem Kontext wäre es auch sinnlos, ja sogar töricht, spezifische und kleinteilige politische Maßnahmen zu erwägen: Der Wiederaufbau der westlichen Zivilisation und die Neubegründung des christlichen Westens hängen vielmehr von der Entwicklung einer großzügigen, ausbaufähigen Vision ab – nicht von einzelnen politischen Vorgaben. Erfahrung lehrt uns, daß die Umsetzung eines zu engmaschig geplanten Entwurfs immer scheitert, während weniger präzise Visionen sich oft als viel widerstandsfähiger herausstellen.

Die von John Senior entwickelte Vision einer Neubegründung der christlichen Kultur ist in dieser Hinsicht äußerst lehrreich: Indem er uns auffordert: *»flee from the sapped ramparts of success«*, lehrt er uns: *»go home to the ruined neighborhoods and villages of [our] childhood and rebuild them.«* Seniors Vision ist bezaubernd idyllisch und inspirierend und zeigt, daß eine Vision, je weniger sie ideologisch und je mehr sie humanistisch ist, auch umso dauerhafter sein wird.

Was uns betrifft, so würde der Wiederaufbau der westlichen Zivilisation als Bestandteil einer erneuerten Christenheit Assoziationen an gotische, barocke und imperiale Gebäude, Freiflächen und Marktplätze beinhalten; Straßen mit Kopfsteinpflaster und beschattete Parkanlagen, wo alte Menschen schwatzen und junge Familien spielen; kleine Pfarrgemeinden mit lebendigen Versammlungen und lateinischen Hymnen; vitale Klöster und Abteien; öffentliche Prozessionen, Märsche und Paraden; das offene Bekenntnis zum alten Glauben durch junge Männer, welche Jarmulke und Haarlocken tragen, und durch alte Priester in Soutane und Barett; und freilich auch ein reiches musikalisches Leben mit Opernhäusern und Theatern, welche sakrale Chormusik aufführen. In solch einer erneuerten christlichen Zivilisation fände man überall geräuschvolle Kinder, welche sich in der Sonne räkeln oder mit ihren Familien spielen. An den Wochenenden finden wir Familientreffen, Sonntagsessen, Lieder mit Klavierbegleitung und natürlich auch Geistergeschichten am Kaminfeuer. Auf dem Marktplatz würden sich die handwerklichen Produkte häufen, welche nicht von spießbürgerlichen »Bohemiens« oder Hipstern hergestellt worden wären, sondern von Meisterhandwerkern und ihren gelehrigen Gesellen. Und überall hinter diesen materiellen Erscheinungen würde sich ein tiefer Respekt wiederfinden – Respekt für die Vergangenheit, für die Alten, Kranken und Schwachen, für jedes lebende Wesen, das unser Dasein bereichert. Und im Schatten des Todes würden sich Dankbarkeit und Bescheidenheit finden, wenn wir uns unserer Ahnen erinnern und der Verpflichtung, die »Demokratie der Toten« am Leben zu halten.

Dies mag fantastisch klingen; aber solch eine Vision der westlichen Zivilisation ist möglich – wenn sie auch die Mitarbeit von Millionen erfordern würde. Sie hängt fundamental von einer erneuten Öffnung des westlichen Geistes ab, welche nur dann geschehen kann, wenn wir unsere eigene Identität zurückfordern. Unsere Verpflichtung kann dann in Erziehung umgesetzt werden: Ob zu Hause oder in privaten Kreisen müssen wir unsere Kultur den nächsten Generationen weitergeben. Dies ist nicht nur eine Sache des Erlernens von Fakten und Zahlen; wichtiger ist die Aufgabe, daß junge Menschen den wahrlich »befreienden Effekt« der westlichen Philosophie, der humanistischen Bildung und der liberalen Künste erfahren. Ausschließlich solche Fächer zu fördern, welche »sich auszahlen«, kann uns nur weit weg von jenen inneren Reichtümern führen. Aber das wiederzubegründen, was Dorothy Sayers »*the lost tools of learning*« nennt, mag unseren Horizont öffnen, uns befreien und uns wieder ganz machen. Auf solch einem Fundament kann die westliche Zivilisation wieder aufgebaut werden.

7. Eine re-sakralisierte Welt

Der dritte und letzte Schritt ist zweigeteilt: Wir müssen das tägliche Leben heiligen und dazu gleichzeitig die Welt re-sakralisieren. Und da wir kaum auf eine erneuerte Christenheit hoffen dürfen, ohne den Westen vollständig neu zu christianisieren, müssen wir mit uns selbst beginnen – unserer Arbeit, unseren Aktivitäten, unseren sozialen Beziehungen, unserer Familie und unseren Freunde – und alle diese ganz alltäglichen Dimensionen des Lebens mit dem Übernatürlichen zusammendenken. Wir müssen dabei »unsere Herzen entflammen« und alles, was wir tun, einem außerweltlichen Ziel zuführen – und somit zur Re-Sakralisierung unserer unmittelbaren Realität beitragen.

Offensichtlich können wir kaum hoffen, den Glauben in den sogenannten »Massen« erneut zu entfachen. Aber wir können mit kleinen Anstrengungen da beginnen, wo wir uns gerade befinden, und unseren Glauben bewußt aggressiv expandieren lassen – etwa, indem wir auch in Lissabon die traditionelle Messe besuchen, oder das Sakrament auch in einer Pfarrkirche im Schwarzwald empfangen. Solche »kleine Dinge« zu vollbringen, wird es uns auch einfacher machen, mit mehr Vertrauen über eine wahre, christliche Erneuerung zu sprechen.

Es ist wohl unnötig, hier die Tatsache zu betonen, daß all jenen Anstrengungen, sein Leben zu heiligen und zu re-sa-kralisieren, ein tiefer Sinn der Dankbarkeit zugrunde liegen muß. Wie François-Xavier Bellamy es richtig sagte, ist die Indifferenz des Volkes gegenüber dem westlichen Erbe und den von unseren Vorfahren hinterlassenen Schätzen wesentlich ein Resultat der Undankbarkeit. Während wir immensen Vorteil von allem ziehen, das unsere Ahnen geschaffen und geleistet haben, sehen wir, ohne zu verstehen, und bleiben zutiefst undankbare Wesen. »*How many children, how many adults*«, fragt Bellamy, »*understand what they are allowed to see in the works of our museums […], our cities or gardens, in the architecture of our cathedrals?*« Sehr wenige. Die Welt zu re-sakralisieren würde dabei helfen – und vielleicht auch die Menschen dazu anstiften, zu einer ehrfürchtigeren Behandlung der geschaffenen Welt zurückzukehren.

8. Ausblick

Jene breite Vision einer erneuerten Christenheit, wie wir sie oben beschrieben haben, wird nicht durch einen staatlichen oder politischen Prozeß verwirklicht werden können. Ganz im Gegenteil strebt dieser Prozeß nichts anderes an, als das säkulare Verwaltungsideal zu unterminieren; es hofft, ein System subversiv bekämpfen zu können, welches allzulange die entmenschlichenden Ziele der gegenwärtigen Gegen-Kultur durchgesetzt hat. Diese Vision besteht allerdings nicht in einem destruktiven, nihilistischen Radikalismus; es handelt sich vielmehr um eine disruptive christliche Gegenrevolution, welche der kulturellen und zivilisatorischen Verwüstung, welche über uns gebracht worden ist, direkt begegnen soll. Und sie fordert, daß wir uns nicht in Laiengemeinschaften flüchten, sondern vielmehr unser Leben in all seinem Elend und seinem Glanz unmittelbar hier, mitten in der Welt, leben.

Zum Glück bestehen einige Zeichen der Hoffnung. Konservative und christliche Gruppen haben überall in Europa Aufwind. Sie bilden neue, lebendige politische Parteien, Lobbies und Protestbataillone. Sie bauen eine ganze Architektur der Erneuerung auf und begründen einen Widerstand, der vielleicht tatsächlich jene Art von Welt hervorbringen kann, in welcher die oben beschriebene Vision Wurzeln fassen könnte.

In Frankreich etwa war die Genese der Bewegung »La Manif Pour Tous« vor einigen Jahren sehr vielversprechend. Aus einer ausschließlich privaten, »grass-root«-Initiative hervorgegangen, entstand die Bewegung als Antwort auf den Aufstieg der »Kultur des Todes« und zahlreicher anderer langfristiger Auswirkungen der »anthropologischen Revolution« der Gegenkultur. Ein Autor nannte dies sogar einen »*umgekehrten Mai 1968*«. Millionen französischer Bürger strömten durch die Straßen von Paris, um die natürliche Ehe zu verteidigen, und ähnliche Proteste wurden auch in den Städten Deutschlands, Spaniens und des Vereinigten Königreichs gesehen. Es war ein vielversprechendes und überraschendes Ereignis; und obwohl es von den Leitmedien und den kulturellen Eliten lächerlich gemacht wurde, zeigte es, was alles an Mobilisierungen und radikalen Aktionen tatsächlich möglich war. Heute ist die Anspannung mit der Bewegung der »Gilets jaunes« noch weiter gestiegen, welche weitgehend populistisch und revolutionär aufgestellt ist.

In Italien haben die Jugendarbeit der »Nazione Futura« wie auch die erneuerten Anstrengungen der älteren »Alleanza Cattolica« gezeigt, daß die Bürger trotz der Dominanz einer kleinen politischen und wirtschaftlichen Elite und weitverbreiteter Korruption noch nicht aufgegeben haben. Die erste dieser Organisationen hält regelmäßige Versammlungen im gesamten Land ab und bringt Konservative und Souveränisten zusammen, um über Geschichte, Literatur und Ideen zu diskutieren – und, noch wichtiger, um zu beweisen, daß sie nicht weiter isoliert in kleinen Hügelstädten bleiben möchten. Die zweite dieser Gruppen bemüht sich, die Kräfte des traditionellen Katholizismus zu bündeln und Juristen, Theologen und Historiker zusammenzuführen, um gemeinsam darüber zu diskutieren, was es heißt, ein Europäer zu sein, worauf die europäische Identität gegründet sein sollte und was gemacht werden kann, um der gesichtslosen Machtmaschine in Brüssel zu entkommen. Zusammengenommen zeigen sie jenen Fokus, den jede künftige Anstrengung, die westliche Zivilisation zu erneuern, aufweisen muß: sowohl kulturelle als auch geistige Interessen zu fördern. Ohne ein solches Fundament – etwa durch einseitige Beschränkung auf den wirtschaftlichen und politischen Bereich – kann das Abendland nicht wieder aufgebaut werden.

Doch die wohl vielversprechendste und vielseitigste Initiative wird von dem Versuch verkörpert, eine »Akademie für den jüdisch-christlichen Westen« zu gründen. Dieses Projekt, das in »Certosa di Trisulti«, einem verfallenden Kloster des 13. Jahrhundert im Süden von Rom, angesiedelt werden wird, beinhaltet unter anderem die Heiligung der Arbeit und die Re-Sakralisierung des Ortes. Sobald jene Akademie ihre Arbeit aufnehmen wird, soll sie Theologen, Philosophen, Historiker und Wirtschaftswissenschaftler zusammenbringen, um jungen Europäern die Fundamente der westlichen Zivilisation und der europäischen Identität näherzubringen. Dabei soll jene Akademie zum Zentrum einer neuen Laiengemeinschaft werden. Ihre Organisatoren versuchen, eine wahrhaft christliche Vision Europas zu verfolgen – und in vielerlei Hinsicht ist das Kloster selbst eine perfekte Metapher für den Wiederaufbau und die Wiederherstellung der europäischen Christenheit.

Ob die Arbeit jener Akademie nun tatsächlich von Erfolg gekrönt sein wird, oder ob nicht bald auch andere Gruppen hervortreten werden, um die Herausforderung anzunehmen, Europa neuzugründen, so läßt sich doch sagen, daß das christliche Europa – und eine erneuerte Christenheit des 21. Jahrhunderts – zunehmend klarer hervortritt. Die Akademie des jüdisch-christlichen Westens verkörpert wohl am deutlichsten die zentralen Aspekte jener großzügigen Vision, und wenn sie auch mit zahlreichen Herausforderungen zu kämpfen haben wird, sind diese doch nicht unüberbrückbar – und dieser Kampf könnte auch anderswo ähnliche Anstrengungen zum Wiederaufbau und zur Erneuerung inspirieren. Ihr Erfolg hängt dabei freilich davon ab, wie ernst es uns damit gemeint ist, unsere Identität wiederzuerlangen, und welchen Grad an Liebe wir aufbringen können, um die alten Ruinen der westlichen Zivilisation wieder aufzurichten. Und es wird wohl einen nahezu heroischen Widerstand gegen die dominante Kultur erfordern – und möglicherweise sogar jenes höchste Opfer, welches nur Märtyrer zu bringen bereit sind…

LOKALISMUS, REGIONALISMUS, NATIONALISMUS – HESPERIALISMUS? DER WEG ZU EINER NEUEN EUROPÄISCHEN VERFASSUNG – EINE POLITISCHE UTOPIE

David Engels

1. Einleitung

Es ist alles andere als einfach, in der hier gebotenen Kürze auch nur die Umrisse jener institutionellen Strukturen nachzuzeichnen, welche ein künftiges, stärker in seiner Geschichte verwurzeltes Europa tragen könnten, und da es im gegebenen Kontext vor allem um die Frage von Identität und Werten gehen soll, müssen wir uns mit einigen vor allem auf diese Aspekte abzielenden Beobachtungen und Überlegungen zufriedengeben.

Als Cicero seine Schrift »*De re publica*« schrieb, kritisierte er Platon dafür, den von ihm entworfenen Idealstaat einzig auf abstrakte Argumente gegründet zu haben, während er selbst es bevorzugte, den »besten Zustand der Republik«, den »*optimus status rei publicae*«, lieber auf einer idealisierten Beschreibung der vergangenen Geschichte seiner eigenen Stadt, Rom, fußen zu lassen:

> »*Leichter aber werde ich erreichen, was ich mir vorgesetzt, wenn ich Euch unser Gemeinwesen bei der Geburt, im Wachsen, in der Reife und schon in Festigkeit und Stärke zeige, als wenn ich mir irgendeines selbst ausdenke, wie Sokrates bei Platon.*« (Rep. 2.1, Übers. K. Büchner).

Indem er also eine dynamische Sicht der römischen Vergangenheit entwickelte, unternahm Cicero es zu zeigen, wo die Bürger die falschen, und wo sie die richtigen Entscheidungen getroffen hatten, und wie es möglich sein könnte, durch Rückbesinnung auf die Traditionen der Vorväter die Republik wieder auf den richtigen Pfad zu bringen. Im folgenden werden wir versuchen, genau diese Methode zu übernehmen, um einen geeigneteren Zugang zum Verständnis der gegenwärtigen Krise der europäischen Vereinigung zu skizzieren und uns Gedanken über eine künftige ideale Verfassung zu machen, wobei wir zeigen wollen, daß die bestmögliche Ordnung unseres Kontinents sich nicht aus reiner Abstraktion ergibt, sondern aus einem gründlichen Studium unserer Geschichte und der Anwendung ihrer Erfahrungen auf unsere eigene Zeit.

2. Politische Vereinigung und traditionelle Werte

Wie alle menschlichen Kulturen entfalteten sich auch die politischen Strukturen Europas im Kontext einer etwa tausendjährigen Geschichte. Von verschiedensten lokalen und regionalen Einheiten ausgehend, welche nur sehr lose durch die gemeinsame Treue zum Heiligen Römischen Reich (später mit dem Zusatz »deutscher Nation«) miteinander verbunden waren, entwickelte sich Europa über verstreute feudale Fürstentümer allmählich zu frühneuzeitlichen Territorialstaaten, welche sich früher oder später zu Nationalstaaten wandelten, deren Identität sich über bereits lange existierende, nun aber zunehmend homogene sprachliche wie kulturelle Gemeinschaften definierte. Doch auch die Nationalstaaten waren nicht das Ende der Geschichte, denn rasch formten sie übernationale Gemeinschaften, die meist auf abstrakten Prinzipien wie »Freiheit« oder »Gleichheit« basierten und entweder durch Eroberung begründet wurden (wie in der napoleonischen Zeit, während der Weltkriege oder durch die Sowjetunion) oder aber durch mehr oder weniger »freiwilligen« Zusammenschluß, wobei freilich auch hier meist ein militärischer Kontext vorlag (wie im Falle der Heiligen Allianz, des frühen Völkerbundes – oder, schließlich, der Europäischen Union).

Angesichts der Analogien mit anderen Zivilisationen, die allesamt nach einer Phase frühzeitlicher Einigung einen ähnlichen Gang von kleinen zu großen politischen Einheiten beschritten haben, ist es nicht unwahrscheinlich, daß auch das moderne Europa den Zyklus seiner Evolution mehr oder weniger abgeschlossen hat und nunmehr, nach mehr als 1000 Jahren Geschichte, erneut an seine frühzeitliche Einheit anknüpfen wird (eine Tendenz, die sich kaum zufällig in der erneuten Bedeutung Karls des Großen, des »*pater Europae*«, mitsamt der alten Kaiserstadt Aachen im Kontext der verschiedensten Bemühungen manifestiert, die europäische Einheit zu stärken).

Es würde nun zu weit führen, im Detail nachzuweisen, daß ein solcher zyklischer Anschluß an die Frühzeit alles andere als eine Ausnahme in der Weltgeschichte ist, denkt man etwa an das klassische China, wo die Kaiser der Han-Dynastie sich als Erben der mythischen Urkaiser präsentierten; an den Iran, wo die späten Sassaniden an die Periode der Achaimeniden anknüpften; an die antike Welt, wo Augustus sich als neuer Agamemnon und Romulus gerierte; an das hinduistische Indien, wo die Gupta-Herrscher auf den mythischen Urherrscher Prithu verwiesen; oder an die spätklassische muslimische Welt, wo die Fatimiden sich nicht nur als Erben Abrahams und der Propheten, sondern selbst Alexanders des Großen verstanden.

Nun zeigt die Geschichte allerdings auch, daß der Weg zu dieser schlußendlichen Vereinigung alles andere als reibungslos verläuft, unter anderem, weil natürlich die ursprüngliche Einheit einer jeden Kultur wesentlich auf Glauben und Tradition beruht, während sie sich in der Spätzeit zunächst auf den in jeder Zivilisation vorhandenen Rationalismus gründet und dementsprechend lediglich durch abstrakte, universalistische und humanistische Beweggründe legitimiert. Die bald entstehende Spannung zwischen Traditionalismus und Universalismus führt dann früher oder später immer zu einem Zeitalter der Unruhe und des Konflikts, sei es in China, Iran, Indien, Rom oder der muslimischen Welt, bis es schließlich als dialektisches Resultat dieser Auseinandersetzung zur endgültigen Festigung einer nicht nur politischen, sondern auch identitären Vereinigung kommt, welche nunmehr ganz bewußt wieder in Tradition und Geschichte verankert ist. Gerade dies ist genau die Situation, in der sich die gegenwärtige Europäische Union wiederfindet.

Denn anstatt sich selbst in die Kontinuität eines ganzen Jahrtausends komplexer Geschichte zu stellen und ihre Existenz in der positiven Auseinandersetzung mit diesem uralten Erbe zu verwurzeln, wie es etwa die mittelalterlichen Denker taten, wenn sie sich bescheiden als »Zwerge auf den Schultern von Riesen« betrachteten, bevorzugen es die intellektuellen und politischen Eliten der Europäischen Union, die »eigentliche Geschichte« mit der Französischen Revolution, ja manchmal sogar erst mit dem Zweiten Weltkrieg beginnen zu lassen, und tun in flagranter Unbildung die Vorgeschichte als belanglose Zusammenstellung von Krieg, Ungleichheit und Unterdrückung ab, wie es etwa in der hoch-ideologisierten Geschichtsdarstellung des sogenannten »Hauses der europäischen Geschichte« in Brüssel allzu deutlich wird. Diese Arroganz angesichts der eigenen Vergangenheit findet ihr Korrelat in dem seltsam eurozentrischen Versuch, allen anderen Völkern die gegenwärtige Ansammlung »politisch korrekter« Vorstellungen – subsumiert unter der Bezeichnung der »unsterblichen« »europäischen Werte« – rücksichtslos aufzuzwingen, gleichzeitig aber Kernfragen kultureller Identität als belanglos auszublenden, sodaß es zwangsläufig nicht etwa zu einer glücklichen Integration zugewanderter Minderheiten oder einer immer besseren, auf einem echten Interesse für die Besonderheiten des Anderen beruhenden Verständigung zwischen den Völkern kommt, sondern ganz im Gegenteil Haß und Verachtung außen wie innen zunehmen und der »Alte Kontinent« mehr und mehr in eine durch seine eigene moralische Überheblichkeit verschuldete Krise ungeahnten Ausmaßes gerät.

In der Tat geht das von den Europäern entwickelte, einzigartige politische und gesellschaftliche System nicht erst auf das Jahr 1789 zurück, sondern ist mehr als ein Jahrtausend alt: Demokratische Wahlen fanden nicht erst seit der Gründung der USA, sondern bereits in den Klöstern der Spätantike statt; komplexe Handels- und Zollabkommen sind keine Frucht des 19. Jahrhundert, sondern wurden bereits von den Städten der Hanse praktiziert; der technische Fortschritt begann nicht erst mit der Industrialisierung, sondern mit den bahnbrechenden Erfindungen der Zisterzienser; der intensive europaweite kulturelle Diskurs hatte nicht auf den Erasmus-Austausch zu warten, sondern wurde schon von den Handwerkern, Studenten und Dozenten des Mittelalters gepflegt; örtliche Selbstverwaltung ist keine Frucht der Gesetzgebung über die Euroregionen, sondern im Abendland mindestens so alt wie die Verfassung der italienischen Kommunen; die ersten territorialen Republiken sind nicht die Frucht der Aufklärung, sondern des freiwilligen Zusammenschlusses Schweizer Bauern im 13. Jahrhundert; das friedliche Zusammenleben von Judentum, Christentum und Islam war nicht auf die Ideologie des »Multikulturalismus« angewiesen, sondern prägte bereits den Alltag der Polnisch-Litauischen Republik; und selbst das Konzept nationaler Identitäten geht nicht erst auf die Romantik zurück, sondern wurde schon der Organisation der großen Universitäten des Mittelalters zugrunde gelegt – und die Liste ließe sich noch lange fortsetzen.

Angesichts der nahezu täglich eintreffenden Hiobsbotschaften ist es mehr als fraglich, daß das Abendland eine Ausnahme von der Regel darstellen wird, der zufolge die endzeitliche Vereinigung einer Zivilisation immer aus einem Zeitraum intensiver Unruhen erwächst. Es ist allerdings nicht unwahrscheinlich, daß eine frühe Einsicht in diese Gefahr, verbunden mit einem aufmerksamen Studium der Geschichte, dabei helfen kann, schon heute eine alternative Vision einer reformierten Europäischen Union zu entwickeln, welche als eine Art »regulativer Idee« einen Beitrag dazu liefern kann, die Wirren der anstehenden Krisenzeit möglichst abzukürzen und den Weg zu einer erneuten Verständigung der europäischen Völker zu ebnen. Betrachtet man die Lehren, welche sich aus der Beschäftigung mit vergangenen Zivilisationen ergeben, läge einer der Schlüssel zu einer solchen Reform in einer positiven Haltung gegenüber den Traditionen und historischen Werten unserer gemeinsamen abendländischen Vergangenheit, um aus einer solchen die Inspiration für eine wahrhaft »europäische« Union zu ziehen, welche mehr sein will als eine bloße Reaktion auf den Zweiten Weltkrieg, sondern die bis in die früheste Vergangenheit zurückblicken und sich in ihrer seelischen und nicht bloß zeitlichen Kontinuität empfinden will.

Dies ist es auch, was ich mit dem Begriff »Hesperialismus« beschreiben möchte: Eine neue politische Ideologie, welche aus Respekt vor unserer gemeinsamen Vergangenheit sowie vor den anstehenden, alle Europäer betreffenden Herausforderungen der Zukunft zwar eine auf Kernfragen begrenzte europäische Integration befürwortet, sich gleichzeitig aber strikt weigert, lokale, regionale und nationale Traditionen unter der vereinten Masse von Multikulturalismus, Individualismus, Turbokapitalismus und Globalisierung begraben zu lassen. Wie aber würde nun ein solches neues Europa konkret aussehen können?

3. Die neue Europäische Union und der alte Reichsgedanke

3.1. Grundlagen

Ein politisches System kann nur dann eine breite Zustimmung seitens des Volkes finden und effizient funktionieren, wenn es genau das richtige Gleichgewicht zwischen Zentralismus und Subsidiarität entwickelt und dementsprechend stark und reaktiv genug ist, auf alle inneren wie äußeren Krisen mit genau dem angemessenen

Grad an Respekt vor lokalen Interessen und ausreichendem Willen zur Bündelung aller Kräfte in einer einzigen Hand zu reagieren. Angesichts dieser Bedingung sowie der Einsicht in die Tatsache, daß eine neue Europäische Union nur dann im inneren Einklang mit den unterbewußten historischen Bedürfnissen seiner Bürger stehen kann, wenn sie sich erneut in die Kontinuität ihrer eigenen Geschichte versetzt, scheint die offensichtlichste Lösung dieses Problems darin zu bestehen, eine neue europäische Verfassung nach dem Vorbild der multiethnischen föderalen Staaten des Mittelalters zu strukturieren, welche zudem den Ausgangspunkt des zyklischen Verlaufs der Geschichte des Abendlands von Einheit über Zerfall zurück zur Einheit bildeten.

Die wohl typischsten Beispiele für ein solches komplexes Staatswesen sind dabei sicher das »Sacrum Imperium«, das Heilige Römische Reich des Mittelalters, sowie die erste polnische Republik, die »Rzeczpospolita Polska«, die beide gekennzeichnet waren durch eine einzigartige Kombination zwischen regionaler Autonomie und zentraler Autorität, welche letztere durch ein System dual geteilter Verantwortlichkeit zwischen dem (gewählten) Souverän, der die *maiestas personalis* darstellte, und der Versammlung der föderierten Entitäten, bei welcher die *maiestas realis* lag, geprägt wurde.

Dabei sollten wir uns bewußt sein, daß die jahrzehntelange Umschreibung der europäischen Geschichte aus dem teleologischen Blickwinkel der Nationalstaaten dazu geführt hat, daß jene mittelalterlichen und frühneuzeitlichen Föderalstaaten in ein schlechtes Licht gerückt worden sind, wobei hier vor allem ihr relatives Unvermögen, dauerhaft zu expandieren, ihre grundlegend multiethnische

Selbstdefinition, ihre verwaltungsmäßige Dezentralisierung und schließlich ihr schlußendlicher Zerfall kritisiert wurden. Diese Sichtweise ist freilich weitgehend überholt: Das Ideal der Expansion um jeden Preis hat sich in zwei Weltkriegen verflüchtigt; geglückte Multiethnizität ist mittlerweile, egal, wie man prinzipiell zu ihr steht, zum pragmatischen Schlüssel gesellschaftlichen Friedens in Westeuropa geworden; Zentralisierung scheint nach den Erfahrungen mit der Brüsseler Verwaltung nur noch bedingt ein wünschenswertes Ziel zu sein; und das doch nahezu 1000jährige Überleben des Heiligen Römischen Reiches scheint heute im Vergleich zu den regelmäßigen Umwälzungen der kurzlebigen Nationalstaaten, die an seine Stelle traten, eine nahezu unvorstellbare Erfolgsgeschichte. Offensichtlich ist die Zeit mehr als reif für eine Neubewertung jener föderativen Großstaaten.

Die Europäische Union nach dem Vorbild jener Vorläufer zu reformieren, würde konkret bedeuten, ihr nur noch jene politischen Kompetenzen zuzubilligen, welche absolut notwendig sind für das langfristige institutionelle Überleben und die kulturelle Selbstbehauptung Europas als eines Ganzen, während alle anderen nationalen, regionalen und kommunalen Verwaltungsebenen eine größtmögliche Autonomie genießen sollten, die sie befähigt, ihre eigene Zukunft im Einklang mit ihren Regeln, Traditionen und Interessen zu gestalten.

In dieser Hinsicht sollte es auch zu einer legal verankerten Grundregel einer solchen neuen Europäischen Union werden, in allen Fragen nicht-vitaler Bedeutung, welche mehrere Staaten betreffen, eher bi- und multilaterale ad-hoc-Abkommen zu bevorzugen, anstatt allgemein bindende Regelungen zu erzwingen – eine neue verwaltungstechnische Deontologie, welche die bislang praktizierte »Méthode Monnet« mit ihrer aus provoziertem Sachzwang anstatt politischer Überzeugung abgeleiteten Regulierungstaktik fortan unmöglich machen soll. Ähnlich sollen auch Entscheidungen des Europäischen Gerichtshofes im Rahmen von Einzelfällen nicht mehr automatisch in legal bindende Regeln für alle umgeleitet werden, wenn sie lediglich auf einer Anwendung der Klausel zur Förderung einer »ever closer Union« basieren, sondern müssen auch das Parlament involvieren. Denn eine zu rasche Vereinheitlichung verschiedenster Gesellschaften und Institutionen kann mittelfristig nur durch einen Verlust des spezifischen Charakters und der intrinsischen Vorteile kleinteiligerer Strukturen geschehen und bewirkt zudem den Wegfall innerer Grenzen und Barrieren, welche in Krisenzeiten oft genug als Schotten und Brandmauern der Verbreitung von Gefahr und Vernichtung entgegengewirkt haben.

Aus dem oben Gesagten folgt freilich, daß wir, wie in den mittelalterlichen und frühneuzeitlichen Staaten, ein gewisses Maß an »kreativem Chaos« als unvermeidbare Konsequenz einer solchen neuen Staatsphilosophie zu tolerieren haben – zumindest in einer ersten Phase, steht doch außer Zweifel, daß die europäischen Staaten auch unter diesen neuen Voraussetzungen langfristig eng zusammenwachsen und ihre Ordnungen harmonisieren werden, wenn auch eben als Resultat eines organischen und nicht von oben erzwungenen Prozesses. Und trotzdem: wenn die entsprechenden Kompetenzen und Handlungsbereiche der europäischen, nationalen, regionalen und lokalen Autoritäten mit genügend staatspolitischer Weisheit und Transparenz bestimmt werden, muß es kein Nachteil sein, wenn sekundäre Aktionsfelder nicht zentralistisch, sondern vielmehr ausgehend von verschiedensten Entscheidungsinstanzen bearbeitet werden, denn eine solche Multipolarität kann gleichzeitig auch zum kompetitiven Ausgangspunkt wichtiger Innovationen werden und gleichzeitig einen Schutz darstellen für das Überleben lokaler Identitäten, welche ansonsten in einer globalisierten und ausschließlich auf Effizienz ausgerichteten Welt völlig verlorengehen würden. Gerade angesichts der beängstigenden Tatsache, daß viele der von George Orwell befürchteten dystopischen Vorhersagen sich gegenwärtig zunehmend zu verwirklichen scheinen, ist ein solcher institutioneller Schutz des einzelnen vor zuviel kalter Logik und universalistischer Rationalität sicherlich kein Nachteil, wie bereits vor mehreren Jahrhunderten von Denkern wie Karl Theodor von Dalberg ganz bewußt ausgesprochen wurde:

>»Die meisten europäischen Staatsverfassungen gleichen einem dauerhaften gothischen Gebäude, das eben nicht nach allen Regeln der Baukunst errichtet ist, in dem man aber sicher wohnet.« (Vom Erhalt der Staatsverfassungen, 1795, § 3)

All dies bedeutet nun nicht, wie der Leser wohl verstanden haben wird, daß der europäische Einigungsprozeß künstlich aufgehalten werden soll, sondern vielmehr die Einsicht in die Notwendigkeit einer drastischen Korrektur des ungesteuerten bzw. in eine gänzlich falsche Richtung tendierenden Wildwuchses, der das gesamte Unterfangen infragestellt und gleichzeitig mit der gegenwärtigen Europäischen Union auch den Glauben an die abendländische Einheit zu verschlingen droht.

Denn wenn auch die Nationalstaaten gestärkt in ihrer Funktion als vitale Kernglieder der EU aus einer solchen Reform hervorgehen würden, ist doch zu betonen, daß der Aufstieg Chinas, Indiens und Brasiliens, das Chaos in Afrika, die Radikalisierung des Nahen Ostens, die instabilen Beziehungen zu Rußland und die Unsicherheit angesichts der künftigen Rolle der Vereinigten Staaten ein Bündel an Herausforderungen darstellen, denen der einzelne europäische Nationalstaat nicht gewachsen ist, zumal die Zeit unbedrohter wirtschaftlicher und technologischer Überlegenheit des Westens über den Rest der Welt längst vorbei ist. Es sollte daher eine weitere Regel einer reformierten Europäischen Union sein, daß alle Fragen vitaler Bedeutung für die Gesamtheit der Nationalstaaten wie auch für die abendländische Zivilisation in ihrer Totalität an die Europäische Union zu übertragen sind, dabei aber gleichzeitig strikt der demokratischen Kontrolle der Gesamtheit der Bürgerschaft unterliegen sollen – auch hier in Analogie zu den großen mittelalterlichen und frühneuzeitlichen Föderalstaaten, welche eine erfolgreiche Verteidigung der Außengrenzen mit einer größtmöglichen inneren Autonomie zu verbinden wußten.

3.2. Institutionen

Auf einer praktischen Ebene würde eine solche »*renovatio imperii*« zunächst die Schaffung einer starken institutionellen Vertretung sowohl der föderierten nationalen als auch regionalen Entitäten implizieren, analog zur Funktion des Sejm der Polnischen Republik oder des Reichstags des Heiligen Römischen Reiches. Deshalb soll vorgeschlagen werden, ein Zweikammer-System zu begründen, in dem das gegenwärtige Parlament als Unterhaus und der Europäische Rat als Oberhaus fungieren und fortan das demokratische Herz Europas mit alleiniger legislativer Gewalt ausmachen sollen. Dabei wären jene Versammlungen so zu begründen, daß sie eher zwischenstaatlichen und zwischenparteilichen Konsens als bloße vorübergehende Mehrheitsentscheidungen fördern, zum Beispiel indem in den meisten Fällen Zweidrittelmehrheiten verbindlich gemacht werden, so daß sichergestellt werden kann, daß nur jene Entscheidungen tatsächlich europaweit diskutiert und angewandt werden, welche wirklich der Gesamtheit der Bürger zugute kommen – nicht unähnlich den Einrichtungen der alten ständischen Parlamente, welche in den meisten Fällen, etwa bei Religionsfragen, ebenfalls dezidiert konsensorientiert waren. Zudem sollen die Kompetenzbereiche des Parlaments und des Rats so definiert werden, daß sie die Aufgaben der Nationalstaaten möglichst wenig tangieren und sich ganz auf die unten aufgezählten Bereiche mitsamt den dazugehörigen personalpolitischen Entscheidungen sowie den diesbezüglichen Budgetfragen beschränken.

Während das Parlament und der Rat also die aggregierten regionalen wie auch nationalen Interessen repräsentieren würden, wäre ein europäischer Präsident zu bestimmen, welcher die Gesamtheit der Interessen aller europäischen Bürger zu vertreten hätte, indem er sowohl den inneren als auch den äußeren Frieden gewährleistet; einmal mehr in Analogie zu den alten Verfassungen, wo der Kaiser des Heiligen Römischen Reichs und der König der Polnischen Republik trotz ihres hohen Symbolwerts nur über sehr beschränkte exekutive Kompetenzen verfügten und sich weitgehend auf das Vermitteln bei inneren Konflikten und die

Verteidigung des Reichs nach außen hin konzentrierten. Auf der einen Seite würde der Präsident also vor allem mit der Außenpolitik betraut, wobei er die Europäische Union mittels des (von Frankreich auf die EU zu übertragenden) ständigen Sitzes im UN-Sicherheitsrat vertreten und im Kriegsfall die Operationen der europäischen Truppen leiten würde. Auf der anderen Seite würde der Präsident in Konflikten zwischen europäischen Staaten sowie zwischen diesen und den europäischen Institutionen vermitteln, indem er eine dauerhafte Schlichtungskommission präsidiert, deren Zusammensetzung und Entscheidungsgrundsätze so zu definieren wären, daß erneut Kompromiß und Konsens im Zentrum stünden. Angesichts der Funktion des Präsidenten als Mittler nach außen wie nach innen und als oberste Vertretung der Bürgerinteressen in Krisenfällen ist es wichtig, daß seine Autorität nicht über eine Zwischeninstanz legitimiert wäre, sondern sich aus der direkten Entscheidung der Bürgerschaft ableiten ließe. Deshalb wäre es angebracht, ihm eine unmittelbare persönliche Legitimität zu geben und das Amt durch eine direkte Wahl aller europäischen Bürger besetzen zu lassen, ähnlich dem von allen freien Bürgern gewählten polnisch-litauischen König oder dem Kaiser des alten Reichs, der ursprünglich ebenfalls von der Gemeinschaft der freien Bürger gewählt werden sollte (ein Privileg, das in der Folge dann zunehmend auf die Fürsten und schließlich die Kurfürsten übertragen wurde).

Was den Rest der Exekutive betrifft, so sollte die Europäische Kommission aufgelöst und ihre verschiedenen Dienststellen teils gestrichen, teils ersetzt werden durch eine möglichst begrenzte Zahl von Staatssekretären, welche die Kernkompetenzen der neuen Europäischen Union auszuüben hätten, nicht unähnlich den Erz-Ämtern des »*Sacrum Imperium*« oder den Ministerien des Polnisch-Litauischen Verbunds. Diese Sekretäre würden vom Parlament auf Basis eines Verteilungsschlüssels bestimmt, welcher eine regelmäßige Vertretung aller Nationalstaaten sichert, und wären zu jedem Zeitpunkt auch wieder vom Parlament abrufbar. Im wesentlichen würden jene Staatssekretäre die optimalen strukturellen Bedingungen für die innere Wohlfahrt des Kontinents sichern und somit die nationalen Kompetenzen eher ergänzen als ersetzen. Die Auswahl und Beschreibung ihrer Funktionen ist naturgemäß im Rahmen dieser Skizze nur sehr ansatzweise und provisorisch aufzuführen; um die generelle Stoßrichtung der ihr zugrundeliegenden Überlegungen klarzumachen, soll im folgenden aber eine erste Beschreibung der sieben zentralen Ämter gewagt werden:

1. Erstens, ein gemeinsamer europäischer Verteidigungssekretär. Er soll die Verwaltung und Organisation der gemeinsamen europäischen Streitkräfte sichern, welche in Friedenszeiten aus einem zentralen Kern direkt rekrutierter europäischer Truppen, unterstützt durch Kontingente der einzelnen Nationalstaaten unter Einschluß der auf die Europäische Union zu übertragenden französischen Nuklearwaffen, bestehen würden. Dabei wäre es die zentrale Aufgabe jener Streitmächte, Europas südliche und östliche Flanke angesichts des Staatenzerfalls im Mittelmeer und der russischen Nachbarschaft zu verteidigen und gegebenenfalls auch Missionen außerhalb des europäischen Raums durchzuführen. Es wäre dabei das langfristige Ziel, sämtliche europäische Staaten auch in die NATO zu überführen, zugleich aber auch eine gewisse Symmetrie mit der

gegenwärtigen Position der Vereinigten Staaten innerhalb jenes Verteidigungsbündnisses zu erzielen.

2. Zweitens, ein Polizeisekretär. Angesichts der Internationalisierung von Verbrechen und Terrorismus müssen die Europol-Kooperation wie auch der Status der Frontex-Kräfte massiv verstärkt werden, um zum einen die Außengrenzen der Union in Mittelmeer und Balkan engmaschig zu kontrollieren und illegale Migration möglichst zu verhindern, und zum anderen die Bewegungen von Straftätern innerhalb der europäischen Binnengrenzen effizienter zu verfolgen. Hierbei wäre auch eine enge Zusammenarbeit mit dem Verteidigungssekretär sowie eine Umlage der Grenzarbeit auf alle Mitgliedsstaaten und nicht nur die Anrainer der Außengrenzen wünschenswert.

3. Drittens, ein Sekretär für Infrastrukturfragen. Alle europäischen Nationen sehen zweifellos die Notwendigkeit einer gemeinsamen Infrastruktur- und Transportpolitik, welche sich zum einen für den weiteren Aufbau der mittel- und osteuropäischen Staaten überaus positiv auswirken, zum anderen aber auch die Wirtschaften Westeuropas in ihren Investitionen nach Osten hin unterstützen würde. Während die Bauaufsicht und die Aufrechterhaltung jener Infrastruktur natürlich nationale Kompetenzen bleiben würden, sollte der Sekretär für Infrastruktur umfangreiche Mittel für den Bau, die Ausweitung und die Instandhaltung von Infrastrukturprojekten gesamteuropäischer Bedeutung bereitstellen, unter der Bedingung ihrer Kompatibilität mit den bestehenden Strukturen und ihrer Sinnhaftigkeit im allgemeinen Kontext europäischer Infrastruktur.

4. Viertens, ein Sekretär für legale Harmonisierung. Angesichts der Mobilität der europäischen Arbeiter und den immer noch sehr unterschiedlichen arbeitsrechtlichen Regelungen ist es ein Desiderat, den diesbezüglichen Wettbewerb im Sinne der Arbeitnehmer entsprechend zu regulieren. Der Sekretär für legale Harmonisierung würde die in dieser Beziehung getroffenen Entscheidungen des Europäischen Parlaments im wirtschaftlichen, legalen und gesellschaftlichen Bereich praktisch umsetzen und die konkreten Resultate zur Nachbearbeitung wieder an den Gesetzgeber weiterleiten.

5. Fünftens, ein Sekretär für strategische Ressourcen. Das neue Europa sollte die nationalen Anstrengungen bei der effizienten und nachhaltigen Produktion und Verteilung von Energie koordinieren, europäische Interessen bei der Sicherung des Zugangs zu strategischen Ressourcen innerhalb und außerhalb Europas verteidigen, eine weitgehende Autonomie im Bereich der Produktion von Nahrungsmitteln gewährleisten, die Digitalisierung des Kontinents in sozialverträglicher Weise fördern und die zunehmende Delokalisierung von Spitzenindustrien verhindern, um den Kontinent so unabhängig wie möglich von chinesischem, russischem oder amerikanischem Einfluß zu machen.

6. Sechstens, ein Sekretär für Bildung und Forschung. Um zu sichern, daß Europa weiterhin wettbewerbsfähig mit den anderen globalen Supermächten bleibt, gilt es, eine starke zwischenstaatliche Zusammenarbeit im Rahmen von Forschung und Bildung zu sichern, um etwaige Ungleichgewichte oder sinn-

lose Dubletten zu vermeiden. In diesem Rahmen würde der Sekretär die nötigen Mittel für die Mobilität von Forschern wie Studenten bereitstellen und große Forschungsunternehmen in strategischen Schlüsselbereichen der Zukunftstechnologie ins Leben rufen.

7. Siebtens, ein Sekretär für Finanzen. Dieses Amt würde die Einnahme und Verteilung der entsprechenden materiellen Ressourcen an die verschiedenen Ministerien auf Basis der vom Parlament getroffenen Entscheidungen sichern. Zudem würde dieser Sekretär die Verbindungsstelle zur separaten Finanzverwaltung der Eurozone darstellen. In langfristiger Perspektive sollte freilich bei allen Staaten der erneuerten Europäischen Union die Bereitschaft bestehen, den Euro zu übernehmen; Voraussetzung hierfür wäre allerdings, daß zur Vermeidung der wohlbekannten Probleme unverantwortlicher Schuldenpolitik wie auch schädlicher Spekulation gegen die Interessen gesamter Staaten entsprechend strenge Regelungen entschieden und eingehalten würden.

3.3. »L'esprit des Lois«

Schlußendlich gilt es, sich nicht nur mit den Institutionen, sondern auch mit dem Geist zu beschäftigen, der sie beleben soll. Dies betrifft in erster Linie den Europäischen Gerichtshof, dessen Richter fortan nicht mehr vom Europäischen Rat, sondern vielmehr vom europäischen Parlament eingesetzt werden sollten. Wir erwähnten schon die notwendige Implementierung einer natürlichen Bremse, durch die die gegenwärtige Praxis aufgehalten werden soll, auf Basis der »effet utile«-Regelung eine weitreichende und nicht rückgängig zu machende Gesetzgebung nicht durch das Parlament, sondern die Gerichte zu veranlassen, welche nicht nur zu einer viel zu raschen und überhitzten Homogenisierung sowie einer ungesteuerten Beschränkung nationalstaatlicher Kompetenzen führt, sondern gleichzeitig auch bei den Bürgern zunehmend anti-europäische Affekte hervorruft.

In dieser Hinsicht soll der »effet utile«-Mechanismus in prozeduraler Weise durch eine rechtspolitische Grundsatzerklärung ersetzt werden, welche in der Präambel der neuen europäischen Verfassung verankert werden soll. Diese Erklärung soll in einem positiven Bekenntnis zu den historischen, traditionellen und naturrechtlichen Werten bestehen, welche Europa seit mehr als einem Jahrtausend geschaffen und geprägt haben, und somit auch ein positives moralisches Leitbild darstellen, von dem aus ein neues Rechtssystem argumentieren kann.

Daher sollte die neue Europäische Union als wiedergekehrtes »sacrum imperium« an erster Stelle ihre fundamentale Verbindung zur jüdischen, antiken und christlichen Tradition als ultimativem Ursprung unserer Werte und Glaubensvorstellung erklären und somit die moralischen Grundvoraussetzungen beschwören, welche bereits vom Gründungsvater der europäischen Institutionen, Robert Schuman, eingefordert worden waren:

»Die Demokratie schuldet ihre Existenz dem Christentum; sie ist an dem Tag entstanden, als der Mensch begonnen hat, in der Zeitlichkeit des Diesseits die Würde des Menschen zu verwirklichen, und zwar in individueller Freiheit, im Respekt der Rechte des einzelnen und in Ausübung der brüderlichen Liebe gegen jeden Menschen; niemals vor dem

Kommen des Christ wurden solche Ideen entwickelt. [...]
Die Demokratie wird christlich sein oder wird gar nicht
sein. Eine anti-christliche Demokratie kann nur zu einer
Karikatur werden, welche in Tyrannis oder Anarchie ver-
sinken muß.« (Pour l'Europe)

Dies bedeutet nun freilich nicht, daß abweichende Überzeugungen oder Glaubensvorstellungen unterdrückt oder
gar verfolgt werden sollen, sondern vielmehr die Festlegung der regulativen Idee, daß sich das geistige Wesen des
Abendlandes eben nicht im statistischen Mittelwert der privaten Vorstellungen all jener Menschen erschöpft, die zum
jeweils gegenwärtigen Moment zufällig auf dem europäischen Kontinent leben, sondern tief in einer Vergangenheit
verankert ist, welche gepflegt und verehrt, und nicht relati-
viert werden soll. Denn falls eine moralische Verpflichtung
besteht, auch Generationen nach den jeweiligen Vorfällen
die Missetaten der Vorfahren erinnerungsgeschichtlich
zu verarbeiten, so besteht auch die Verpflichtung, die historischen Errungenschaften der Vergangenheit weiterhin wertzuschätzen und sie weiterzuentwickeln, anstatt in
Bausch und Bogen abzulehnen. Dabei wäre es illusorisch,
politisches Handeln von jüdischen, antiken und christlichen
Überzeugungen trennen zu wollen; ganz im Gegenteil sind
beide unlösbar miteinander verbunden, auch jenseits des
tatsächlichen individuellen Glaubens, hat die jüdisch-christliche Tradition doch über Jahrhunderte unsere gesamte
politische und moralische Lebenswelt durchtränkt, ja erst
hervorgebracht, so daß es nicht nur naiv, sondern geradezu
gefährlich wäre, das eine vom anderen trennen zu wollen,
ist die notwendige Folge hiervon doch die Mutation des
Politischen ins Zynische und des Religiösen ins Inhaltsleere.

»Die Position des Demokraten kann folgendermaßen definiert werden: Es ist ihm unmöglich zu akzeptieren, daß der Staat systematisch die Religion ignoriert, daß er ihr sogar Vorurteile entgegenbringt, welche an Feindseligkeit oder Verachtung grenzen [...]. Es hieße, die Mission des Christentums zu unterschätzen und zu behindern, wenn man es ausschließlich auf Kult und Wohltaten zu reduzieren versucht; das Christentum ist, ganz im Gegenteil, eine Doktrin, welche die moralische Pflicht in jedem Bereich durchsetzen will. [...] Die Umsetzung jenes großen Programms einer allgemeinen Demokratie christlicher Prägung aber findet ihre Erfüllung im Aufbau Europas [...].« (Pour l'Europe)*

Nur, wenn politisches Handeln in einem positiven Verhältnis zu dem ihm implizit zugrundeliegenden historischen Substrat steht, kann es daher segensreich und sinnvoll wirken, kann Europa wieder zu einem wahrhaften »sacrum imperium« werden und seine vor lauter Rationalismus, Materialismus, Relativismus und Zynismus verlorengegangene transzendente Dimension wiedererlangen. Und wenn auch eine tatsächliche, innere Re-Christianisierung des Kontinents noch in weiter Ferne steht, ist doch zumindest die Verbreitung eines gewissen Kulturchristentums zu erwarten, in welchem Kult, Moral und patriotisches Bekenntnis zur eigenen Kultur untrennbar miteinander verbunden sind. Und es ist wohl eine sichere Wette, daß sich gerade die aus dem islamischen Bereich zugewanderten Bürger in ein solches Umfeld erheblich besser integrieren werden können, als in die gegenwärtige, von Hedonismus, Materialismus, Atheismus und Individualismus geprägte Gesellschaft.

Zusätzlich zu dieser fundamentalen identitären und transzendentalen Neuausrichtung der Europäischen Union soll die Präambel des neuen Europas auch auf die traditionelle, monogame Familie als der fundamentalen Basis des gesellschaftlichen Gefüges unserer Zivilisation verweisen und ihren Schutz zu einer politischen Priorität machen. Auch dies bedeutet keineswegs eine Kriminalisierung alternativer Form faktischen Zusammenlebens und auf einverständlicher Übereinkunft beruhender Sexualität, sondern soll lediglich ihrer Banalisierung und Gleichsetzung mit den altetablierten Formen gesellschaftlicher Ordnung einen Riegel vorschieben und sie strikt in den privaten Bereich verschieben.

Ein weiterer Punkt wäre die Verteidigung der Heiligkeit menschlichen Lebens, welche die gegenwärtige Explosion von Abtreibungsfällen eindämmen und zurückdrängen, positive Anreize für die Gründung von Familien und Erziehung von Kindern selbst in ungünstigen biographischen Lagen geben und somit den gegenwärtigen bedenklichen demographischen Niedergang aufhalten und umkehren soll. Der Schutz des Begriffs des Lebens ist dabei auch auf den weiteren biologischen Bereich auszudehnen und dabei etwa (neben der hieraus selbstverständlich ebenfalls abgeleiteten Verpflichtung zum Umweltschutz) zu einer strikten Beschränkung gegenwärtiger gentechnischer Versuche führen, sei es im Bereich der menschlichen Fortpflanzung, sei es im Bereich der Nahrungsproduktion.

Schlußendlich soll eine neue Verfassung auch die Notwendigkeit eines soliden »*ordo caritatis*« betonen und die Priorität öffentlicher vor individuellen Interessen festhalten, um es der Europäischen Union zu ermöglichen, eine Sozial- und Wirtschaftspolitik zu betreiben, welche Monopolsituationen verhindern, massive gesellschaftliche Polarisierung beheben und eine überproportionale Abhängigkeit von jenen Gütern und Diensten eindämmen soll, die von

Staaten oder Unternehmen außerhalb der unmittelbaren demokratischen Kontrolle der Bürger der Europäischen Union liegen. Gleichzeitig würde eine solche Grundhaltung auch einen ebenso klaren wie moralisch legitimierten Umgang mit der Flüchtlingsfrage erlauben, deren Lösung im Sinne des notwendigen »ordo caritatis« den dringenden Interessen allgemeiner binneneuropäischer Wohlfahrt untergeordnet werden soll, da es – Härtefälle klarer und individuell gezielter politischer Verfolgung ausgenommen – unverantwortlich wäre, unrealistische moralische Weltrettungsphantasien nicht nur auf dem Rücken der europäischen Bürger, sondern auch der Fortdauer der abendländischen Kultur auszutragen. Diese Haltung steht dabei keineswegs im Widerspruch zum christlichen Aufruf zur Nächstenliebe, sondern befindet sich ganz im Gegenteil in völligem Einklang zur Botschaft nicht nur des Neuen Testaments, sondern auch der antiken Denker und der großen kirchlichen Denker. So liest man im Ersten Timotheus-Brief:

> »Wenn aber jemand für seine Angehörigen, besonders für die eigenen Hausgenossen, nicht sorgt, der verleugnet damit den Glauben und ist schlimmer als ein Ungläubiger.« (1 Tim 5.8, EU)

Und ganz ähnlich erklärt der Hl. Thomas von Aquin unter Verweis auf die alttestamentliche Gesetzgebung und das aristotelische Denken:

> »Wenn Fremde zum Ritus und zum gänzlichen Staatsleben mit dem auserwählten Volke zugelassen werden wollten, [...] wurde eine gewisse Ordnung beobachtet. Denn nicht sogleich wurde ihnen das Bürgerrecht verliehen; wie ja auch

(Arist. Pol. 3.1) berichtet wird, daß bei einigen Völkern die Vorschrift bestand, erst wenn jemand seit Großvater und Urgroßvater da wohnte, solle er Bürgerrecht genießen können. Denn aus dem zu raschen Zulassen Fremder in den Staatsverband können viele Gefahren entstehen, da die so aufgenommenen Alles mitzuberaten hätten, was das Volk angeht, und doch noch nicht die Liebe zum öffentlichen Besten so recht festgewurzelt in sich trügen, sonach Manches gegen das Volkswohl versuchen könnten. Deshalb beobachtete das Gesetz nach dieser Seite hin eine gewisse Stufenfolge.« (Summa Theologica 2.1. Q. 105, Art 3, Übers. BdK)

In diesem Sinne sollte eine neue europäische Verfassung auch die Maxime »Europa zuerst« verinnerlichen, um die gegenwärtige Entwicklung abzubremsen, in welcher zum einen europäische Technologie und Industrie dazu beigetragen haben, China in ein bald weltumspannendes Imperium zu verwandeln, während eine irregeführte Verzerrung des europäischen Humanismus den Kontinent durch eine selbstzerstörerische Immigrations-, Bildungs-, Wirtschafts- und Bevölkerungspolitik langsam aber sicher in ein Entwicklungsland verwandelt.

4. Ausblick:
Die »*renovatio imperii*« – nur eine Utopie?

Abschließend müssen wir uns die Frage stellen, auf welche Weise die oben skizzierte Neuordnung tatsächlich dazu beitragen könnte, die Europäische Union ihren historischen Wurzeln wieder näherzubringen und somit zu einer besseren Akzeptanz der europäischen Integration durch den

Bürger zu führen. Diese Frage wollen wir in vier Etappen beantworten.

Zuerst ist zu erwähnen, daß die hier vorgestellten Verfassungsüberlegungen erheblich eher im Einklang stehen mit den politischen Strukturen, welche das geistige Wesen und Denken des westlichen Menschen jahrhundertelang direkt und indirekt geprägt haben, als mit den gegenwärtigen, rein künstlichen Instanzen. Die Wiederbelebung jener historischen Strukturen und Werte kann daher nicht nur zu einem besseren unterbewußten Einklang mit den neuen europäischen Institutionen und zu einem größeren Treueverhältnis zum gemeinsamen abendländischen Erbe führen, sondern wird auch den historischen Herausforderungen besser angepaßt sein, denen unser Kontinent in den nächsten Jahrzehnten ausgesetzt sein wird. Denn von dem Moment an, in dem der europäische Mensch nicht mehr durch eine völlig künstliche Struktur regiert wird, welche dem eigentlichen Geist der europäischen Vergangenheit sogar bewußt feindlich gegenüber steht, sondern vielmehr von einer politischen Entität, deren Institutionen und Geist weit in die tiefste Vergangenheit zurückreichen, ist anzunehmen, daß auch die Entscheidungs- und Widerstandskraft der Europäer angesichts äußerer Bedrohungen ungemein erstarken wird.

Ein weiterer wichtiger Aspekt, welcher den Europäern dabei helfen würde, erneut ihre gemeinsame Identität wiederzufinden, wären die zahlreichen Vorteile, welche in der direkten Wahl eines gemeinsamen europäischen Präsidenten liegen würden. Die Assoziation der Union mit einer spezifischen Persönlichkeit, deren demokratische Legitimität über jeden Zweifel erhaben wäre, würde unweigerlich die Kohäsion und Solidarität der Europäer stärken, indem sie einen wahrhaftigen europäischen öffentlichen Raum schaffen würde. Zugleich würden die nach dem Vorbild der mittelalterlichen und frühneuzeitlichen Staaten gestalteten, sehr begrenzten Kompetenzen eines solchen gewählten Präsidenten es unmöglich machen, daß er seine Macht, welche nur auf die Schlichtung innerer Streitigkeiten und die Vertretung der Union nach außen beschränkt bliebe, zuungunsten der Bürger und Nationalstaaten verwenden könnte.

Während der Präsident somit das wichtige identitäre Bedürfnis nach der psychologischen Verbindung zwischen einem abstrakten Gemeinwesen und einer konkreten Person erfüllen könnte, würde die Ernennung von Staatssekretären durch das unmittelbar von den Bürgern gewählte Parlament erlauben, die grundsätzliche demokratische Legitimität jener Exekutive zu betonen, und eine rasche Anpassung ihrer Politik an die wechselnden Mehrheiten und Einschätzungen des Parlaments ermöglichen, so daß es auch den Bürgern leichter gemacht würde, sich mit der generellen Politik eines solchermaßen reformierten Europas zu identifizieren.

Aber der wichtigste Vorteil, den eine solche Verfassung haben könnte, wäre der grundsätzliche Mehrwert, den die Inklusion einer Reihe historischer Werte der europäischen Zivilisation in die Präambel einer neuen Verfassung darstellen würde. In der Tat können wir nicht genug betonen, wie wichtig die Verklammerung zwischen den institutionellen Aspekten jenes Reformprojekts und der Bestätigung traditioneller abendländischer Grundwerte ist. Beide sind untrennbar, da nur das Gefühl der Loyalität gegenüber der Geschichte den Institutionen den richtigen Geist einflößen kann, während auf der anderen Seite nur eine enge Zusammenarbeit der europäischen Nationen es diesen zu ermöglichen vermag, ihre Werte und Ideale gegen die Gefahren von Atheismus und Islamisierung sowie gegenüber dem Aufstieg Chinas und Rußlands zu verteidigen: Schon Montesquieu erklärte, daß es nicht nur die Gesetze, sondern vor allem der Geist der Gesetze, »L'esprit des Lois« sei, welcher das Blühen einer Gesellschaft garantiere.

Und doch: Es wäre ebenso naiv, in der gegenwärtigen Situation auf eine Reform der europäischen Institutionen zu hoffen, wie auf die Übernahme des dazugehörenden Geistes. Der »Hesperialismus« und mit ihm der Traum einer »renovatio imperii« wird wohl noch lange Jahre eine reine Utopie bleiben, bevor sie Realität werden kann. Bedeutet dies, daß das gesamte Konzept daher eine bloße Kopfgeburt ist und bleiben muß? Nein. Bereits Cicero, als er sein »De re publica« schrieb, war sich bewußt, daß es in der damaligen Krisenzeit der alten Republik unmöglich war, auf eine Reform jener Institutionen zu hoffen, und erklärte in erstaunlichem Vorgriff der modernen Zeitanalyse:

»›Sitte und Männer von alter Art bauen römische Macht auf‹ – diesen Vers scheint mir jener (Ennius) sowohl der Kürze nach als wegen seiner Wahrheit wie aus einem Orakel verkündet zu haben. [...] Was bleibt denn noch von den alten Sitten, auf denen, wie jener sagte, die römische Sache stehe? Wir sehen, daß sie so durch Vergessen abgekommen sind, daß sie nicht nur nicht mehr in Ehren gehalten, sondern überhaupt nicht mehr gewußt werden. Und was soll ich von den Männern sagen? Sind doch die Sitten selber aus Mangel an Männern zugrunde gegangen. Für dieses so schlimme Übel müssen wir nun nicht nur Rechenschaft ablegen, sondern uns auch wie Angeklagte auf Tod und Leben in gewisser Weise verteidigen. Durch unsere Fehler nämlich, nicht nur* *irgendein Unglück, halten wir das Gemeinwesen zwar dem Wort nach fest, haben es in Wirklichkeit aber längst verloren.«* (Rep. 5.1, Übers. K. Büchner)

Cicero zweifelte also auch daran, daß die nötige Transformationsphase der Republik durch eine andere Weise hervorgebracht werden könne als durch einen Bürgerkrieg, obwohl er sich völlig bewußt war, welche gewaltigen Gefahren mit einem solchen Ereignis verbunden sein würden, welches tatsächlich, wie die Geschichte zeigen sollte, nicht nur hunderttausende Leben kostete, sondern auch der hierauf folgenden augusteischen Staatsreform einen erheblich autoritäreren Charakter gab, als dies nötig gewesen wäre, wenn die diesbezüglichen Regelungen nicht auf Waffengewalt, sondern auf der allgemeinen realistischen Einsicht und politischen Mäßigung aller Beteiligten gegründet gewesen wären – eine Staatsreform, welche in ihren wesentlichen Zügen Ciceros Ideal einer erneuerten Republik verpflichtet war, deren Mischverfassung durch die Güte und Weisheit eines eher moralisch als institutionell vorbildhaften Magistrats garantiert werden sollte.

So wie die späte römische Republik befindet sich auch Europa, hierbei vor allem Westeuropa, am Rande einer solchen Übergangsphase, und es ist zu befürchten, sollten die betroffenen politischen Parteien es nicht vermögen, die dringende Notwendigkeit einer Reform der Europäischen Union unter Inklusion konservativer Wertevorstellungen, einer positiven Berufung auf das gemeinsame historische Erbe des Abendlandes und der Bedeutung nationaler Identität einzusehen, daß jene Reform nicht durch einen transparenten politischen Entscheidungsprozeß verwirklicht werden wird, sondern durch die Macht der Straße...

AUSBLICK:
DIE RÜCKKEHR DER GESCHICHTE

David Engels

1. Das Scheitern der europäischen Verfassung

Als die »Constituante« der Europäischen Union unter Leitung von Valéry Giscard d'Estaing versuchte, der Europäischen Union eine Verfassung zu geben, entzündete der politische Streit sich naturgemäß an den in der Präambel zu beschwörenden Werten. Die vorletzte Fassung der Präambel zur Verfassung hatte eigentlich einen Abschnitt vorgesehen, der sich explizit auf die antiken und geistigen Werte Europas beziehen sollte, übrigens erneut, ohne das Wort »christlich« ausdrücklich zu erwähnen, da dies ja den Eindruck hätte erwecken können, die wichtige Rolle der damals etwa 6 Prozent Muslime, 0,4 Prozent Buddhisten und 0,2 Prozent Juden für die Herausbildung der europäischen Kultur geringzuschätzen und »zu Unrecht« die Bedeutung der etwa 84 Prozent europäischen Christen für die Beschaffenheit europäischer Identität zu betonen. Und so wurde denn taktvoll folgender Kompromiß vorgeschlagen:

> *In dem Bewußtsein, daß der Kontinent Europa ein Träger der Zivilisation ist und daß seine Bewohner, die ihn seit Urzeiten in immer neuen Schüben besiedelt haben, im Laufe der Jahrhunderte die Werte entwickelt haben, die den Humanismus begründen: Gleichheit der Menschen, Freiheit, Geltung der Vernunft; schöpfend aus den kulturellen, religiösen und humanistischen Überlieferungen Europas, die – aus*

der griechischen und der römischen Zivilisation hervorge-
gangen und erst durch das geistige Streben, von dem Europa
durchdrungen war und das noch heute in seinem Erbe fort-
lebt, und dann von der Philosophie der Aufklärung geprägt
– die zentrale Stellung des Menschen und die Vorstellung von
der Unverletzlichkeit und Unveräußerlichkeit seiner Rechte
sowie den Vorrang des Rechts in der Gesellschaft verankert
haben [...].«[1]

Aber die zaghafte Anspielung auf die geschichtliche Bedeutung nicht nur der »kulturellen« und »humanistischen«,
sondern auch der religiösen Überlieferung Europas für
die Herausbildung des (im Text leicht tautologisch gleich
noch einmal erwähnten) »Humanismus« schien vielen
Verfassungsvätern unannehmbar: den einen, weil sie in
Anbetracht der ausdrücklichen Nennung von Antike und
Humanismus das Fehlen des Worts »Christentum« und
seine Reduzierung auf ein irgendwie zwischen Antike
und Renaissance befindliches, recht unbestimmtes »geis-
tiges Streben« bedauerlich empfanden, wie ein Brief von
Monseigneur Homeyer an Valéry Giscard d'Estaing belegt;[2] den anderen, weil die nachträgliche Bestätigung der
Bedeutung dieses »geistigen Strebens« eine nicht zu dul-
dende Rechtfertigung des Christentums darstelle und somit
»*ein offenes Einfallstor [sei], durch welches die Kirchen eindrin-*
gen und eine fortschrittliche Politik aufhalten können«, wie der
Vorwurf der Europäischen Humanistischen Föderation lau-

---

[1] Entwurf der Europäischen Unions-Präambel durch den Präsidenten des Europäischen Konvents, Valéry Giscard d'Estaing, 28. Mai 2003. Vgl. Jahrbuch
für Europäische Geschichte 9, 2008, 4.

[2] Vgl. den Brief von Msgr. Homeyer, Präsident der COEME, an Valéry Giscard d'Estaing, am 8. Mai 2003 in Le Monde veröffentlicht.

tete.[3] Unter dem Druck der Presse sollte daher das »geistige Streben« ebenso wie der Verweis auf die griechisch-römische Antike aus der Verfassung verbannt werden, da letzterer von einigen radikalen Christen durchaus als laizistischer Versuch angesehen wurde, das Christentum auf eine Ebene mit dem antiken Heidentum zu stellen.[4] Der Entwurf wurde daher gekürzt und lautete nunmehr wie folgt:

> *In dem Bewußtsein, daß der Kontinent Europa ein Träger der Zivilisation ist und daß seine Bewohner, die ihn seit Urzeiten in immer neuen Schüben besiedelt haben, im Laufe der Jahrhunderte die Werte entwickelt haben, die den Humanismus begründen: Gleichheit der Menschen, Freiheit, Geltung der Vernunft; schöpfend aus den kulturellen, religiösen und humanistischen Überlieferungen Europas, deren Werte in seinem Erbe weiter lebendig sind und die zentrale Stellung des Menschen und die Unverletzlichkeit und Unveräußerlichkeit seiner Rechte sowie den Vorrang des Rechts in der Gesellschaft verankert haben […].«[5]*

Doch auch dieser Text schien vielen noch politisch unkorrekt, hätten zum einen andere Kulturen sich doch durch die Feststellung, daß Europa den »Humanismus« entwickelt habe, beleidigt oder in ihrem besonderen Wert verkannt fühlen können, während zum anderen der Sinn des etwas

---

[3] Vgl. die Mitteilung der Europäischen Humanistischen Föderation, veröffentlicht im Rationalist International Bulletin 109 (25. Mai 2009).

[4] Vgl. P. Bernardin, Le paganisme inscrit dans les tables de la Loi, in: Lectures françaises 557, September 2003: http://www.civitas-institut.com/images/pdf/docu/le_paganisme_inscrit_dans_les_tables_de_la_loi.pdf.

[5] Präambel des Entwurfs eines Vertrags über eine Verfassung für Europa (13. Juni 2003).

umständlichen Verweises auf die »Werte«, die irgendwie im »Erbe« der »religiösen […] Überlieferungen Europas« weiterhin »lebendig sind«, nur schwer zu entschlüsseln ist, aber immerhin doch die Anerkennung eines bis heute dauernden Überlebens von Religion und ihrer positiven Bedeutung für die Entwicklung europäischer Grundwerte zu beinhalten schien – eine für den gegenwärtigen politisch korrekten Universalismus natürlich gänzlich inakzeptable Vorstellung. Und so verschwand denn auch der letzte Verweis auf die lebendige Gegenwart der Religion im 21. Jahrhundert aus dem zur Präambel des am 29. Oktober 2004 unterzeichneten Vertrags von Rom umgestalteten Verfassungsentwurf, so daß die europäische Kultur, die europäische Religion und der europäische Humanismus nur noch zu »Erbgütern« geworden sind, aus denen sich zwar die heute geltenden universellen Werte von Freiheit, Demokratie etc. entwickelt haben, sie selbst sich aber nun offensichtlich überlebt haben:

> *Schöpfend aus dem kulturellen, religiösen und humanistischen Erbe Europas, aus dem sich die unverletzlichen und unveräußerlichen Rechte des Menschen sowie Freiheit, Demokratie, Gleichheit und Rechtsstaatlichkeit als universelle Werte entwickelt haben, […].«*[6]

Was im Rahmen dieses Buchs wie ein ausufernder Exkurs wirken mag,[7] ist, genau betrachtet, eigentlich vielmehr

[6] Präambel des Vertrags von Lissabon, in: Amtsblatt der Europäischen Union C306, 17. Dezember 2007, unter: http://eur-lex.europa.ei/JOHtml.do?uri= OJ:C:2007:306:SOM:DE:HTML [Stand: 18.02.2014].

[7] S. zu den oben ausgeführten Überlegungen auch D. Engels, Auf dem Weg ins Imperium, Berlin 2014, 175-178.

eine Darstellung *in nuce* des Problems, an dem das vereinigte Europa gegenwärtig zugrunde geht. Denn es wäre ein grundlegender Irrtum, jenes Trauerspiel um die europäischen Werte lediglich zu einem elegant ausgehandelten Kompromiß zwischen zwei einander gegenüberstehenden »extremen« Fraktionen zu verniedlichen: Der systematische Verzicht auf jeglichen konkreten Hinweis auf Antike und Christentum als Inbegriff des historischen Erbes Europas ist kein »Mittelding«, sondern ein Sieg des universalistischen Geistes auf der gesamten Linie.

Die einzig mögliche und zudem gegenüber allen involvierten Parteien korrekte Haltung wäre der ursprüngliche Entwurf gewesen, welcher an die Stelle einer subjektiven Wertung vielmehr die objektive Beschreibung der geistigen historischen Entwicklung unseres Kontinents gesetzt hatte. Diese Entwicklung an sich zu negieren bzw. diskret zu verschweigen, war daher kein Akt der Diplomatie oder des wechselseitigen Entgegenkommens, sondern vielmehr eine bewußte Handlung der vollständigen Ablehnung der eigenen Kultur und des eigenen Wesens und entspricht somit nur allzu deutlich dem ideologischen Programm all jener, welche es vorziehen, die spezifische kulturelle, religiöse und humanistische Identität unserer Kultur ganz in die geschichtliche Vergangenheit abzuschieben und gleichsam zu Krücken des Fortschritts zu machen, die, wie der Telegraph oder das Phonogramm, ihren Wert nur als Wegbereiter der nachfolgenden Erfindungen hatten, ganz so wie die berühmte Leiter des Philosophen Ludwig Wittgenstein, der erklärte:

»Meine Sätze erläutern dadurch, daß sie der, welcher mich versteht, am Ende als unsinnig erkennt, wenn er durch

sie – auf ihnen – über sie hinausgestiegen ist. Er muß sozu-
sagen die Leiter wegwerfen, nachdem er auf ihr hinauf-
gestiegen ist.«[8]

2. Der Wiederaufbau Europas

Genau dies ist nun aber der Punkt, an dem auch der innere
Zerfall des Kontinents einsetzt, dessen Folgen wir täglich
in zunehmendem Maße feststellen, und gegen den sich
die Beiträger dieses Buches mit aller Kraft zu wehren versuchen, indem sie sich bemühen, nicht nur eine kritische
Zustandsbeschreibung zu liefern, sondern auch Wege aus
dem Niedergang aufzuzeigen – und zwar nicht im Sinne
eines utopischen konservativen Radikalismus, sondern
vielmehr eines gemäßigt konservativen Realismus, der
verbinden statt polarisieren und versöhnen statt auseinan-
derdividieren will, trotzdem aber darauf beharrt, daß ohne
eine dezidierte Verankerung des neuen Europas in seinen
historischen Wurzeln alle Träume von einem universalistischen und humanistischen Weltstaat in den Abgrund der
Oppression führen müssen.

Dies ist auch der Ansatzpunkt von Zdzisław Krasnodębski,
der in seinem Beitrag den gegenwärtigen, mit der »öffentlichen Philosophie« der europäischen Institutionen verbun-
dene Versuch eines umfassenden »social engineering« analysiert und beschreibt, wie sich dessen Grundlinien konkret
auf die Umdeutung von Nationalstaat, Geschichte, Familie
und Glauben auswirken. Hierbei macht er klar, inwieweit
jene Ideologie der systematischen Entgrenzung untrenn-

[8] L. Wittgenstein, Tractatus Logico-Philosophicus, 6.54.

bar von einer übernationalen, »nomadischen« politischen Elite ist, welche ihre Lebenswelt auf die von ihr verwaltete Gesellschaft projiziert und gleichzeitig auch das Vorbild für die lokalen Eliten liefert. Ihr wahrer Gegenspieler aber sind jene vielbeschworenen »Deplorables« mitsamt ihren politischen Verteidigern, welche sich weiterhin auf die Traditionen und die Wurzeln ihrer jeweiligen Heimat beziehen und diese auch im Rahmen der europäischen Integration zu verteidigen suchen – ein Versuch, der bereits in Mittel- und Osteuropa zum Durchbruch gelangt ist und mittlerweile auch in vielen westeuropäischen Staaten erste Früchte zeigt, ohne daß die solchermaßen entstehende Dichotomie den Blick für die pragmatischen Möglichkeiten einer parteiübergreifenden punktuellen, aber konstruktiven Zusammenarbeit aller Entscheidungsträger verstellen sollte.

Freiheit, Demokratie, Gleichheit und Rechtsstaatlichkeit laufen also Gefahr, bestenfalls zu leeren Worthülsen, schlimmstenfalls sogar zu Mitteln der Unterdrückung zu werden, wenn sie nicht mit Sinn gefüllt werden, wie András Lánczi eindringlich herausarbeitet. Solange ihr Verständnis nicht durch eine jahrhundertelang gewachsene, fein ausgeglichene geistige Kultur gesichert wird, welche naturrechtliche, idealistische und transzendentale Aspekte vereint, sondern lediglich positivistisch und relativistisch durch die Übereinkunft des Augenblicks zustandekommt, besteht letztlich für den Bürger keinerlei echte Rechtssicherheit mehr, ist der Weg offen für die »Umwertung aller Werte« bei gleichzeitiger, täuschender Beibehaltung der altvertrauen Oberbegriffe, wie bereits Orwell vorausahnte, als er schrieb: »*War is Peace; Freedom is Slavery; Ignorance is Strength*«. Es ist daher mehr als dringend, durch eine neue EU-Verfassung auch legal jene Werte in unseren Institutionen und Rechtstexten zu verankern, durch die allein eine Synthese des mechanistischen Prozeduralismus des neuen Rechtsdenkens mit den tatsächlichen Grundwerten unseres europäischen Wesens gesichert werden kann.

Die Identität unserer Gesellschaft ist demnach bedroht, nicht nur durch die überall beschworenen Gefahren der Masseneinwanderung, sondern auch durch die zahlreichen Exzesse eines Moralismus, welcher die Nächstenliebe (die echten menschlichen Kontakt und die Akzeptanz gesellschaftlicher Hierarchien voraussetzt) zugunsten einer billigen, da letztlich unverbindlichen Fernstenliebe verdrängt hat und lieber dazu bereit ist, die eigene Kultur in Schutt und Asche zu legen, als die Verantwortung einzugehen, aus eigener Entscheidung Abstriche an einem radikalen und selbstzerstörerischen und somit menschenfeindlichen Humanismus zu machen. Dies steht im Zentrum des Beitrags von Chantal Delsol, welche angesichts der scheinbar unüberbrückbaren Polarität von Moral und Politik zum Mut realistischer Selbstbeschränkung anstatt vollmundiger humanitärer Aktionen einlädt und für Verständnis dafür wirbt, jede Gesellschaft eine solche grundlegende Entscheidung frei und souverän treffen zu lassen, dafür aber eine möglichst umfangreiche, gastfreundliche und anspruchsvolle Integration der Neubürger einfordert.

Aber es ist wohl im Bereich der Wirtschaft, daß wir jene Polarität zwischen universalistischem Individualismus und traditionalistischem Gemeinschaftssinn am besten und augenscheinlichsten wahrnehmen können, springt uns doch das System einer ausschließlich auf kurzfristige, individuelle Gewinnmaximierung hin konzipierten

Wirtschaftsordnung, wohin wir auch blicken, täglich ins Auge; jenes Modell, welches seinen Ursprung im angelsächsischen Individualismus und dem Rationalismus der Aufklärung findet, die beide bis heute auf vielerlei Weise so viel Schaden angerichtet haben. Demgegenüber plädiert Max Otte für eine Rückbesinnung auf das typisch kontinentaleuropäische Modell, welches in jeder Hinsicht auf der Maxime »Eigentum verpflichtet« beruht.

Einen ganz ähnlichen Appell an die Vernunft und die freie Entscheidung von Gesellschaft und Einzelmensch angesichts der drohenden Gefahren von Individualismus, Hedonismus und Materialismus formuliert auch Birgit Kelle. Sie verweist hier nicht nur auf die historischen Wurzeln und die gesellschaftliche Berechtigung der klassischen Familie und ihrer untrennbaren Verbindung zu unserer abendländischen Kultur, sondern deckt auch jene zahlreichen Gefahren auf, welche von der neuen »Gender«-Ideologie ausgehen, die nicht nur auf einen demographischen Zusammenbruch Europas hinausläuft, sondern auch eine tiefe identitäre und kategorielle Verwirrung anrichtet, da die gegenwärtige argumentative Logik, welche hinter dem angeblichen »Schutz« von sexuellen Minderheiten steht, letztlich ihre völlige Gleichstellung und somit die Entwertung der traditionellen Familie hervorbringen wird – mit unabsehbaren Folgen für uns alle. Nur eine Politik, welche gezielt zwischen Regel und Ausnahme scheidet und erneut eine soziale und wirtschaftliche Anerkennung von Familie und Kind schafft, wird diesen Teufelskreis zu verbrechen mögen.

Neben der Rückbesinnung auf die rechtlichen, geistigen, moralischen, familiären und wirtschaftlichen Traditionen unserer Zivilisation darf aber auch die ästhetische

Dimension nicht vergessen werden, wie Jonathan Price zeigt: Auch »Schönheit« läßt sich nicht beliebig mit anderen Inhalten füllen, sondern verweist auf einen in natürlichen Proportionen und jahrhundertelang gewachsenen Konventionen ruhenden Sinn für Ästhetik, der zudem eng verbunden ist mit dem Begriff des »Guten«. Auch diese Tatsache ist freilich im Zeitalter des billigen Massenkonsums und des zum Kunstideal erhobenen bewußten Provozierens ganz verschüttet worden und erklärt die zunehmende Verhunzung unserer natürlichen wie künstlichen Umwelt mitsamt den eng damit verbundenen moralischen Begleiterscheinungen. Auch hier gilt es, neue Prioritäten zu setzen und Schönheit erneut zu einem gesamtgesellschaftlichen Ziel zu machen – ein Unterfangen, welches nicht nur rein ästhetische, sondern vielerlei andere positive Konsequenzen haben könnte.

In diesem Sinne bedarf es nicht nur einer Reform der äußeren Strukturen unserer Gesellschaft, sondern auch einer grundsätzlichen neuen Bewußtwerdung der durch die Gegenkultur von Relativismus, Universalismus und Globalismus fast verschütteten Werte unserer eigenen Kultur. Daher plädiert Alvino-Mario Fantini in seinem Beitrag für eine gezielte Neuentdeckung der abendländischen Geschichte und für den Mut, die Ideale und Werte unserer Vergangenheit nicht nur aus der heutigen Distanz abstrakt zu erforschen, sondern sie erneut zu leben: Nur wenn das politische Handeln sich gleichzeitig auch in der alltäglichen konkreten Umsetzung traditioneller abendländischer Wertvorstellungen gründet, kann der Weg zu einer inneren Erneuerung unserer Gesellschaft geebnet werden. Ein Individualismus ohne transzendente Dimension und ohne Verankerung in gesellschaftlicher Verantwortung kann früher oder später nur zum Zerfall in eine sinnentleerte, auf oberflächliche Bedürfnisbefriedigung ausgerichtete Zivilisation führen – exakt jene Zivilisation, in welcher wir heute leben.

Freilich bedürfen alle jene Vorschläge einer Erneuerung und Rückbesinnung früher oder später auch einer institutionellen Verankerung, wenn wir sie auch für unsere Nachkommen sichern und das gegenwärtige Abgleiten in einen zunehmend totalitären und jeglicher demokratischen Kontrolle entgleitenden Zwangsstaat vermeiden wollen. Wie ein solches Europa der Zukunft aussehen könnte, in welchem alle oben genannten Ansätze ihre Verwirklichung und Sicherung finden könnten, skizziert David Engels unter dem Begriff des »Hesperialismus«. Unter Rückgriff auf das Modell der alten mittelalterlichen »Föderalstaaten« wie dem »*sacrum imperium*« zeigt er auf, daß ein radikal subsidiäres Europa, welches erneut die verschiedenen historisch gewachsenen Verwaltungs- und Identitätsebenen schützt und garantiert, langfristig erfolgreicher und widerstandsfähiger sein könnte als der gegenwärtige Wildwuchs, umso mehr, wenn es von einer Rückbesinnung auf die traditionellen Werte unserer Vergangenheit begleitet wird und somit die aktuelle, kaum mehr aufzuhaltende Durchsetzung einer linksliberalen, universalistischen und materialistischen Ideologie bändigt und zurückwirft.

3. Ein revolutionärer Konservatismus

Rückkehr zum Naturrecht, Wiederbelebung des christlichen Geistes, Einsetzung eines sozialverträglichen Wirtschaftsmodells, Durchsetzung der Subsidiarität mitsamt

Schutz kleinteiliger, gewachsener Identitäten, Verteidigung der natürlichen Familie, Sicherung einer anspruchsvollen Migrationspolitik, Erneuerung unseres Sinnes für das Schöne – dies sind, in wenigen Worten, die programmatischen Grundpfeiler eines solchen neuen, »hesperialistischen« Europas, welches an die Stelle der Zersplitterung die Vereinigung setzen will, indem endlich wieder klar zwischen Regel und Ausnahme, Norm und Abweichung, Politik und Moral, innen und außen, Persönlichkeit und Individuum, Gemein- und Eigennutz, Idealismus und Rationalismus geschieden wird und demgemäß Kategorien bekräftigt werden, ohne welche alles in die Beliebigkeit von Subjektivismus und Relativismus zerfließen muß.

Erst wenn wir wieder zu unserer Geschichte stehen und uns nicht aus falschem moralischen Dünkel von der Vergangenheit abwenden, sondern ihr mit Dankbarkeit und Ehrfurcht begegnen, wird Europa wieder einig und solidarisch sein können und echte Zukunftschancen haben: Denn wer die Vergangenheit negiert, die uns doch hervorgebracht und geschaffen hat, lehnt sich letztlich selbst ab und muß früher oder später an einer Mischung zwischen Selbsthaß und Größenwahn zugrunde gehen. Nur wer seine Vergangenheit akzeptiert und aus ihr einen Teil seines täglichen Lebens macht, ist auch wahrhaft fähig, die sich daraus ergebende historische Dynamik realistisch und sinnvoll in die Zukunft zu projizieren.

Konservativ ist ein solcher Hesperialismus daher nur, insofern er die Werte der Vergangenheit hochschätzt; tatsächlich aber dürfte man ihn mit demselben Recht als resolut zukunftsgewandt, ja geradezu revolutionär beschreiben: Der Hesperialismus strebt eben nicht eine naive Rückkehr in eine idealisierte, in der gegenwärtigen Weltlage ohnehin unwiederbringlich verlorene Vergangenheit an, sondern möchte vielmehr ein Europa aufbauen, welches seine historischen Werte zur besseren Bewältigung der Zukunft zu nutzen vermag und somit sowohl seinem geschichtlichen Auftrag als auch der hieraus entstehenden Verpflichtung zur Anknüpfung an die Transzendenz gerecht werden will.

ZU DEN AUTOREN

Prof. Dr. Chantal Delsol
ist Historikern und Philosophin. Sie gründete das Hannah-Arendt-Institut, lehrt Philosophie an der Universität Marne-La-Vallée und ist Mitglied der Académie des sciences morales et politiques. Sie vertritt liberal-konservative Positionen und forscht zur Geschichte der politischen Ideen und des Populismus.

Prof. Dr. David Engels
ist Inhaber des Lehrstuhls für römische Geschichte in Brüssel (ULB) und arbeitet gegenwärtig am Instytut Zachodni in Poznań. Bekannt wurde er durch sein Buch »Auf dem Weg ins Imperium«, in dem er die Krise der EU mit dem Untergang der römischen Republik im 1. Jahrhundert v. Chr. verglich, sowie durch seine Versuche einer Aktualisierung der Geschichtsphilosophie Oswald Spenglers.

Alvino-Mario Fantini
ist Mitglied und Berater verschiedenster internationaler Institutionen in Brüssel, Rom und Wien. Er ist der ehemalige Vorsitzende des Hayek-Instituts, arbeitet gegenwärtig für die PR-Firma »Keybridge Communications« in Washington D.C. und ist Herausgeber der einflußreichen Zeitschrift »The European Conservative«.

Birgit Kelle
ist Publizistin und Journalistin, wurde durch ihr Buch »Muttertier« deutschlandweit bekannt und engagiert sich für einen neuen, »konservativen« Feminismus, der an die

Stelle des üblichen Feminismus und der Gender-Ideologie ein positives Verhältnis zur traditionellen Familienrolle der Frau setzt.

Prof. Dr. Zdzisław Krasnodębski

ist Professor für Soziologie an der Universität Bremen und Mitglied sowie Vize-Präsident des Europäischen Parlaments. Er hat intensiv zur Frage der Fortschrittskritik und der Konfrontation von Moderne und Tradition publiziert und äußert sich häufig zu Fragen nationaler Erinnerung und kultureller Identität.

Prof. Dr. András Lánczi

ist Professor für Politologie und Rektor der Corvinus Universität in Budapest. Er ist Spezialist für den konservativen Denker Leo Strauss, zu dem er umfassend publizierte, und gilt als einer der wichtigsten ideologischen Vordenker der gegenwärtigen ungarischen Regierung.

Prof. Dr. Max Otte

ist nicht nur ein bekannter Wirtschaftswissenschaftler und Finanzexperte, der mit seinem Buch »Der Crash kommt« europaweite Bekanntheit erlangte, sondern auch akademischer Lehrer (Univ. Worms und Graz), Publizist und konservativer Denker. 2018 initiierte er das »Neue Hambacher Fest«.

Prof. Dr. Jonathan Price

wurde mit der Schrift »The Egalitarian Constitution« promoviert und lehrt Philosophie an den Universitäten von Oxford (Blackfriars) und Warschau (Inst. Johannes Paul II). Er ist Sekretär der »Vanenburg Society« und Redakteur der Zeitschriften »Politics and Poetics« sowie »The Clarion Review«.

Dr. Justyna Schulz
wurde an der Universität Bremen in Wirtschaftswissenschaften promoviert. Nach Arbeitserfahrungen bei Bayer Leverkusen, der Volkswagen-Stiftung, der Universität Bremen und als Beraterin im europäischen Parlament wurde sie zur Direktorin des »Instytut Zachodni« in Poznań und arbeitet zu Fragen deutsch-polnischer Beziehungen.